- Los Diez Mandamientos -

La Ley de Dios

DR. JAEROCK LEE

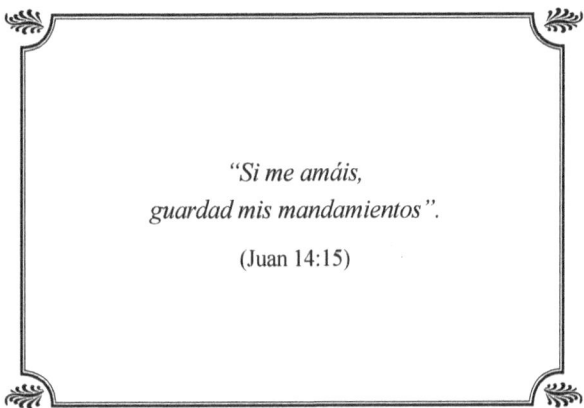

*"Si me amáis,
guardad mis mandamientos"*.

(Juan 14:15)

La Ley de Dios, escrito por el Dr. Jaerock Lee
Publicado por Libros Urim (Representante: Kyungtae Noh)
73, Yeouidaebang-ro 22-gil, Dongjak-Gu, Seúl, Corea
www.urimbooks.com

Todos los derechos reservados. Ninguna parte de esta publicación podrá ser reproducida, procesada en algún sistema que la pueda reproducir, o transmitida en alguna forma o por algún medio electrónico, mecánico, fotocopia, cinta magnetofónica y otro, sin el permiso previo y por escrito de los editores.

A menos que lo indique, el texto Bíblico ha sido tomado de la versión Reina-Valera © 1960 Sociedades Bíblicas en América Latina; © renovado 1988 Sociedades Bíblicas Unidas. Utilizado con permiso. Reina-Valera 1960™ es una marca registrada de la American Bible Society, y puede ser usada solamente bajo licencia. Usado con permiso.

Derechos de autor © 2016 por el Dr. Jaerock Lee
ISBN: 979-11-263-0059-4 03230
Derechos de traducción al inglés © 2014 por la Dra. Esther K. Chung. Usado con permiso.

Publicado originalmente en coreano por Libros Urim en el 2007.

Primera publicación: Febrero 2016

Editado por la Dra. Geumsun Vin
Diseñado por el Departamento Editorial de Libros Urim
Impreso por Yewon Printing Company
Para mayor información contáctese con urimbook@hotmail.com

Prefacio

Mientras ministraba, recibía un gran número de preguntas como: "¿Dónde está Dios?", "¡Muéstreme a Dios!" o "¿Cómo puedo conocer a Dios?" Las personas hacían este tipo de preguntas porque no saben cómo tener un encuentro con Dios. Sin embargo, la manera de tener un encuentro con Dios es mucho más fácil de lo que creemos. Podemos tener un encuentro con Él al aprender Sus mandamientos y al obedecerle. No obstante, a pesar de que muchas personas conocen este hecho en sus mentes, fracasan en obedecer los mandamientos debido a que desconocen el verdadero significado espiritual inmerso en cada uno de los mandamientos, los cuales surgieron como resultado del profundo amor del Padre hacia nosotros.

Así como una persona necesita una educación adecuada para estar lista para enfrentarse a la sociedad, un hijo de Dios también necesita una educación apropiada que le ayude a estar listo para enfrentarse al Cielo. Es aquí donde surgen las leyes de Dios. Sus leyes o mandamientos, deben ser enseñados a cada nuevo hijo de Dios y puestos en práctica en la vida de cada uno de los cristianos. *La Ley de Dios,* son mandamientos que Dios creó para nosotros como una manera de acercarnos más a Él, obtener respuestas de Su parte y estar más cerca de Dios. En otras palabras, aprender *La Ley de Dios* es nuestro boleto para tener un encuentro con Él.

Alrededor del año 1446 a. C., justo después de que los israelitas salieran de Egipto, Dios los guió a la tierra donde fluía leche y miel, también conocida como la tierra de Canaán. Para que esto pudiera suceder, los israelitas debían comprender la voluntad de Dios, y además debían conocer qué es realmente convertirse en un hijo de Dios. Es por ello que Él amorosamente inscribió los Diez Mandamientos que resumen de manera concisa todas sus leyes, en dos tablas de piedra (Éxodo 24:12). Luego Él entregó estas tablas a Moisés para que pudiera educar a los israelitas sobre cómo llegar donde Dios quería que estén, que es precisamente en Su presencia, enseñándoles los deberes como hijos de Dios.

Hace treinta años atrás, después de tener un encuentro con el Dios vivo, llegué a aprender y obedecer Su ley mientras asistía a la iglesia y buscando cada avivamiento que podía encontrar. Comenzando con dejar de beber y fumar, aprendí acerca de guardar el día de reposo como un día santo, dar fielmente mis diezmos, orar, etc. En una pequeña libreta de anotaciones comencé a escribir los pecados de los cuales no podía abstenerme de manera inmediata. Luego oraba y ayunaba, pidiéndole que me ayudara a obedecer Sus mandamientos. ¡La bendición que recibí como resultado de ello fue asombrosa!

Primeramente, Dios bendijo mi familia físicamente, por lo que ninguno de nosotros nos enfermamos. Luego nos dio tantas bendiciones financieras, que podíamos con libertad enfocarnos en las personas necesitadas. Por último, derramó tantas bendiciones espirituales sobre mi vida que ahora puedo dirigir un ministerio mundial destinado a la evangelización del mundo y las misiones.

Si usted aprende los mandamientos de Dios y los obedece, no solo será prosperado en todas las áreas de su vida, sino que también podrá experimentar gloria como el brillo del sol una vez que ingrese a Su reino eterno.

Este libro, *La Ley de Dios*, es una compilación de la serie de sermones basados en la Palabra de Dios, y la inspiración acerca de 'Los Diez Mandamientos' que recibí mientras ayunaba y oraba poco después de haber comenzado con mi ministerio. Por medio de estos mensajes, muchos creyentes llegaron a comprender el amor de Dios, comenzaron a llevar vidas obedientes a los mandamientos de Dios y por ende prosperaron espiritualmente y en todas las demás áreas. Además de ello, muchos creyentes experimentaron recibir respuesta a todas sus oraciones. Lo más importante de todo es que llegaron a tener gran esperanza por el Cielo.

Por lo tanto, si usted llega a conocer el significado espiritual de los Diez Mandamientos, los cuales son tratados en este libro, y llega a comprender profundamente el amor de Dios que nos ha dado los Diez Mandamientos y toma la decisión de vivir en obediencia a Sus mandamientos, le puedo garantizar que recibirá bendiciones increíbles de parte del Señor. En Deuteronomio

28:1-2 dice que seremos bendecidos todo el tiempo: *"Acontecerá que si oyeres atentamente la voz de Jehová tu Dios, para guardar y poner por obra todos sus mandamientos que yo te prescribo hoy, también Jehová tu Dios te exaltará sobre todas las naciones de la tierra. Y vendrán sobre ti todas estas bendiciones, y te alcanzarán, si oyeres la voz de Jehová tu Dios".*

Quisiera agradecer a Geumsun Vin, Directora del Departamento Editorial de Libros Urim, y a su equipo de trabajo por su dedicación sin igual y una inestimable contribución a la elaboración de este libro. ¡Ruego también en el nombre del Señor que todos quienes tengan este libro en sus manos lleguen a comprender las leyes de Dios, y que obedezcan Sus mandamientos para llegar a ser más amados y, por consiguiente, hijos de Dios más bendecidos!

Jaerock Lee

Introducción

Damos toda la gloria a Dios el Padre por permitirnos componer el estudio de los Diez Mandamientos, los cuales contienen el corazón y la voluntad de Dios en este libro, *La Ley de Dios*.

Primero, "El amor de Dios inmerso en los Diez Mandamientos", llena al lector con la información básica necesaria sobre los Diez Mandamientos. Este capítulo responde a la pregunta: "¿Qué son exactamente los Diez Mandamientos?" También explica que Dios nos ha dado los Diez Mandamientos porque Él nos ama y quiere bendecirnos, definitivamente. Por lo tanto, cuando obedecemos a cada mandamiento con el poder del amor de Dios, entonces podemos recibir todas las bendiciones que Él tiene acumuladas para nosotros.

En 'el primer mandamiento', aprendemos que si alguien ama a Dios, él o ella podrá fácilmente obedecer Sus mandamientos. Este capítulo también abarca la pregunta de por qué el primer mandamiento que Dios nos dio fue el de no poner otros dioses delante de Él.

'El segundo mandamiento' cubre la importancia de nunca adorar a ídolos, o en un sentido espiritual, no tener nada que quizás cause que se ame algo más que a Dios. En este caso, también aprendemos acerca de las consecuencias espirituales de cuando adoramos ídolos falsos y cuando no lo hacemos, y las bendiciones específicas y las maldiciones que vienen a nuestras vidas como resultado de ello.

El capítulo sobre 'el tercer mandamiento' explica lo que significa tomar el nombre de Dios en vano, y lo que se debe hacer para evitar cometer pecados.

En 'el cuarto mandamiento' aprendemos acerca del verdadero significado del 'día de reposo' y por qué se cambió de ser el día sábado al día domingo, pasando del Antiguo Testamento al Nuevo Testamento. Este capítulo también explica cómo uno debería guardar el día de reposo como un día santo, principalmente en tres formas diferentes. Este capítulo también describe las condiciones para aplicar las excepciones a este mandamiento; cuándo está permitido trabajar y realizar transacciones comerciales en el día de reposo.

'El quinto mandamiento' explica detalladamente cómo uno debe honrar a sus padres de la manera que le agrada a Dios. También aprendemos acerca de lo que significa honrar a Dios, quien es el Padre de nuestro espíritu, y qué tipos de bendiciones recibimos cuando lo honramos a Él, y a nuestros padres naturales, en Su verdad.

El capítulo sobre 'el sexto mandamiento' consiste en dos partes: la primera se enfoca en el pecado de cometer un homicidio físico, y la segunda parte es una explicación espiritual acerca de cometer el pecado de homicidio dentro del corazón, del cual muchos creyentes pueden ser culpables, pero rara vez se dan cuenta de que lo están cometiendo.

'El séptimo mandamiento' abarca el pecado de cometer adulterio físico y el pecado de cometer adulterio dentro del corazón o la mente de uno, que en realidad es el más temible de los dos. Este capítulo también abarca el significado espiritual de cometer este pecado, y el proceso de orar y ayunar, mediante el cual una persona puede despojarse de este pecado por medio de la ayuda del Espíritu Santo y el poder y la gracia de Dios.

'El octavo mandamiento' describe la definición natural de hurtar y también la definición espiritual de esta misma acción. Este capítulo también explica cómo alguien puede llegar a cometer el pecado de hurtar a Dios al no dar sus diezmos y ofrendas, o incluso por el mal manejo de la Palabra de Dios.

'El noveno mandamiento' trata con los tres diferentes tipos de dar falso testimonio o mentir. Este capítulo también enfatiza cómo alguien puede sacar la raíz de engaño del corazón, al llenar el corazón con la verdad.

'El décimo mandamiento' explica acerca de los casos en los que podemos pecar como resultado de codiciar las cosas de nuestro prójimo. También aprendemos que la verdadera bendición es cuando nuestra alma prospera, ya que cuando esto sucede, recibimos la bendición de ser prosperado en todas las áreas de nuestras vidas.

Finalmente, en el último capítulo, 'la ley de habitar con Dios', al estudiar el ministerio de Jesucristo, quien cumplió la Ley con amor, aprendemos que debemos tener amor para cumplir la Palabra de Dios. También aprendemos del tipo de amor que se extiende incluso más allá de la justicia.

Es mi oración que este libro le sea de ayuda a cada lector, para que pueda comprender el significado espiritual de los Diez Mandamientos. Y al usted obedecer los mandamientos del SEÑOR, ruego que pueda estar en el resplandor de Su presencia. ¡Ruego también en el nombre de nuestro Señor que mientras cumple con la Ley de Dios, pueda llegar al momento en su vida espiritual en el cual sus oraciones sean respondidas, y que Sus bendiciones sobreabunden en todas las áreas de su vida!

Geumsun Vin
Directora del Departamento Editorial

Tabla de contenidos

Prefacio
Introducción

Capítulo 1
El amor de Dios plasmado en los Diez Mandamientos 1

Capítulo 2 : El primer mandamiento
"No tendrás dioses ajenos delante de mí" 13

Capítulo 3 : El segundo mandamiento
"No te harás imagen, ni lo adorarás" 29

Capítulo 4 : El tercer mandamiento
"No tomarás el nombre de Jehová tu Dios en vano" 49

Capítulo 5 : El cuarto mandamiento
"Acuérdate del día de reposo para santificarlo" 65

Capítulo 6 : El quinto mandamiento
"Honra a tu padre y a tu madre" 85

Capítulo 7 : El sexto mandamiento
"No matarás" 99

Capítulo 8 : El séptimo mandamiento
"No cometerás adulterio" 115

Capítulo 9 : El octavo mandamiento
"No hurtarás" 133

Capítulo 10 : El noveno mandamiento
"No hablarás contra tu prójimo falso testimonio" 149

Capítulo 11 : El décimo mandamiento
"No codiciarás la casa de tu prójimo" 163

Capítulo 12
La ley de habitar con Dios 177

Capítulo 1

El amor de Dios plasmado en los Diez Mandamientos

Éxodo 20:5-6

"No te inclinarás a ellas, ni las honrarás; porque yo soy Jehová tu Dios, fuerte, celoso, que visito la maldad de los padres sobre los hijos hasta la tercera y cuarta generación de los que me aborrecen, y hago misericordia a millares, a los que me aman y guardan mis mandamientos".

Hace cuatro mil años, Dios escogió a Abraham como el padre de la fe. Dios bendijo a Abraham e hizo un pacto con él, prometiéndole descendientes: "Como el número de las estrellas en el cielo y como la arena en la orilla del mar. En su tiempo, Dios fielmente formó la nación de Israel a través de las doce tribus del nieto de Abraham, Jacob. Bajo la provisión de Dios, Jacob y sus hijos fueron a Egipto para evitar la hambruna y vivió allí durante 400 años. Todo esto fue parte del plan amoroso de Dios para protegerlos de la invasión de las naciones gentiles hasta que ellos pudieran crecer y convertirse en una nación grande y fuerte.

Cuando por primera vez fueron a Egipto, la familia de Jacob creció de una familia que consistía de setenta personas, a un número lo suficientemente grande como para formar una nación. A medida que esta nación fue creciendo en fortaleza, Dios escogió a un individuo llamado Moisés para que se convirtiera en el líder de los israelitas. Luego Dios guió a ese pueblo a la tierra prometida de Canaán, la tierra donde fluye leche y miel.

Los Diez Mandamientos fueron las palabras de amor que Dios le dio a Israel mientras los guiaba a la tierra prometida.

A fin de que los israelitas pudieran entrar a la tierra de Canaán, tuvieron que cumplir con dos requisitos: "Debían tener fe en Dios y debían obedecerle". Sin embargo, sin un criterio establecido para su fe y obediencia, no habrían entendido lo que realmente significa tener fe y ser obedientes. Es por esta razón que Dios les dio los Diez Mandamientos por medio su líder Moisés.

Los Diez Mandamientos son una lista de reglas que establecen normas para que los seres humanos puedan seguir, pero Dios no los forzó automáticamente a obedecer estos mandamientos. Solo luego de que les mostrara y les permitiera experimentar su poder milagroso al enviar las plagas sobre Egipto, dividir el Mar Rojo, cambiar el agua amarga en agua dulce en Mara, alimentar a los israelitas con maná y codornices, les dio los Diez Mandamientos para que los siguieran.

En este caso, la pieza más importante de información es que cada palabra de Dios, incluyendo los Diez Mandamientos, no se entregó simplemente a los israelitas, sino a todo aquel que es un creyente.

El corazón de Dios que dio los Mandamientos

Con la crianza de los hijos, los padres enseñan innumerables reglas a sus hijos, tales como: "Debes lavarte las manos luego de jugar afuera", "siempre debes taparte bien mientras duermes" y "nunca cruces las calles cuando la señal de peatón está en color rojo".

Los padres no bombardean a sus hijos con todas estas reglas solo para hacerles pasar un mal momento sino que les enseñan todo esto a sus hijos porque los aman. El deseo natural de los padres es el de proteger a sus hijos de las enfermedades y los peligros, mantenerlos a salvo y ayudarles a vivir pacíficamente a lo largo de sus vidas. Esta es la misma razón por la cual Dios dio los Diez Mandamientos a Sus hijos, debido a que nos ama.

En Éxodo 15:26 Dios nos dice: *"Y dijo: Si oyeres atentamente la voz de Jehová tu Dios, e hicieres lo recto delante de sus ojos, y dieres oído a sus mandamientos, y guardares todos sus estatutos, ninguna enfermedad de las que envié a los egipcios te enviaré a ti; porque yo soy Jehová tu sanador".*

En Levítico 26:3-5 nos dice: *"Si anduviereis en mis decretos y guardareis mis mandamientos, y los pusiereis por obra, yo daré vuestra lluvia en su tiempo, y la tierra rendirá sus productos, y el árbol del campo dará su fruto. Vuestra trilla alcanzará a la vendimia, y la vendimia alcanzará a la sementera, y comeréis vuestro pan hasta saciaros, y habitaréis seguros en vuestra tierra".*

Dios nos dio los mandamientos para que supiéramos cómo tener un encuentro con Él, recibir Sus bendiciones y las respuestas a nuestras oraciones y una vida ilimitada con paz y gozo en nuestras vidas.

Otra razón por la cual debemos obedecer las leyes de Dios, incluyendo los Diez Mandamientos, tiene que ver con las leyes justas del mundo espiritual. Así como cada nación tiene sus propias leyes, el reino de Dios tiene leyes espirituales que fueron establecidas por Dios mismo. A pesar de que Dios creó el universo y que Él es el Creador que tiene control absoluto sobre la vida, la muerte, las maldiciones y las bendiciones, Él no es un totalitario. Por ello, a pesar de que Él es el Creador de las leyes, Dios cumple estrictamente con estas leyes.

Así como respetamos las leyes del país del que somos ciudadanos, si hemos aceptado a Jesucristo como nuestro Salvador y nos hemos convertido en hijos de Dios y ciudadanos de Su reino, entonces tenemos el derecho de acatar las leyes de Dios y Su reino.

En 1 Reyes 2:3 está escrito: *"Guarda los preceptos de Jehová tu Dios, andando en sus caminos, y observando sus estatutos y mandamientos, sus decretos y sus testimonios, de la manera que está escrito en la ley de Moisés, para que prosperes en todo lo que hagas y en todo aquello que emprendas".*

Respetar las leyes de Dios significa obedecer la Palabra de Dios incluyendo los Diez Mandamientos, los mismos que están registrados en la Biblia. Cuando usted respeta estas leyes, puede recibir la protección y bendiciones de Dios, y prosperar donde quiera que esté.

Por el contrario, cuando quebranta las leyes de Dios, el enemigo Satanás tiene el derecho de traer tentaciones y pruebas a su vida, por lo que Dios no puede protegerlo. Quebrantar los mandamientos de Dios es un pecado y, de esta manera, usted se convierte en un esclavo del pecado y de Satanás, que en última instancia lo guiará al Infierno.

Dios quiere bendecirnos

La razón por la que Dios nos ha dado los Diez Mandamientos es porque Él nos ama y quiere bendecirnos. No solo quiere que experimentemos bendiciones eternas en el Cielo, sino que también quiere que recibamos Sus bendiciones sobre la Tierra y que seamos prosperados en todo lo que hagamos en este mundo. Cuando comprendemos este amor de Dios, solo podemos estar agradecidos con Él por darnos los mandamientos, y con alegría debemos obedecerlos.

Podemos ver que los hijos, una vez que realmente se dan cuenta cuánto sus padres los aman, se esfuerzan al máximo por obedecer. Incluso si fracasan en obedecer a sus padres y son disciplinados, debido a que comprenden que sus padres actúan basándose en su amor, quizás digan: "Papi o mami, voy a intentar comportarme de mejor manera la próxima vez", y amorosamente corren a los brazos de sus padres. Y a medida que maduran y tienen un entendimiento más profundo del amor de sus padres y se preocupan por ellos, los hijos se sujetarán a las enseñanzas de sus padres para hacerles sentir gozosos.

El amor verdadero de los padres es lo que les permite a los

hijos tener la fortaleza para obedecer. Esto es lo mismo que cuando nosotros acatamos las palabras de Dios que se registran en la Biblia. Las personas hacen todo lo posible para cumplir con los mandamientos una vez que han llegado a comprender que Dios nos amó tanto que envió a su único Hijo, Jesucristo, a este mundo para morir en la cruz por nosotros.

De hecho, mientras más grande sea nuestra fe en el hecho de que Jesucristo, quien no tenía pecado alguno, tomó todo tipo de persecución como el morir en la cruz por nuestros pecados, mayor será nuestro gozo al obedecer estos mandamientos.

Las bendiciones que recibimos cuando cumplimos Sus mandamientos

Nuestros antepasados de la fe que obedecieron cada palabra de Dios y vivieron estrictamente de acuerdo con Sus mandamientos, recibieron grandes bendiciones y glorificaron a Dios el Padre con todo su corazón, y hoy están haciendo brillar sobre nosotros la luz eterna de la verdad que nunca se acaba.

Abraham, Daniel y el apóstol Pablo son algunas de estas personas de la fe, e incluso en la actualidad, existen personas de fe que continúan haciendo lo que estas personas hicieron.

Por ejemplo: el decimosexto presidente de EE. UU., Abraham Lincoln, solo tenía nueve meses de nivel educacional, pero debido a su carácter loable y a sus virtudes, él fue y es amado y respetado por un gran número de personas en la actualidad. La madre de Abraham Lincoln, Nancy Hanks Lincoln, falleció cuando él solo tenía nueve años de edad, pero mientras ella estuvo viva le enseñó a memorizar versículos cortos de la Biblia y a obedecer los mandamientos de Dios.

Y al saber que ella iba a morir, llamó a su hijo y le dejó estas últimas palabras: "Quiero pedirte que ames a Dios y obedezcas Sus mandamientos". Cuando Abraham Lincoln creció, se convirtió en un político muy famoso y cambió la historia con su movimiento para abolir la esclavitud, y los sesenta y seis libros de la Biblia siempre estuvieron a su lado. Para las personas como Lincoln, que permanecen cerca de Dios y cumplen Su Palabra, Dios siempre muestra la evidencia de Su amor.

Poco tiempo después de haber comenzado con la iglesia, visité a una pareja que estaba casada por varios años pero no podían tener hijos. Con la guía del Espíritu Santo, guié un tiempo de adoración y bendije a esta pareja. Luego les pedí un favor; les dije que guardaran el Día del Señor como un día santo al adorar a Dios cada domingo, dar sus diezmos y obedecer los Diez Mandamientos.

Esta nueva pareja de creyentes comenzaron a asistir a los servicios de adoración cada domingo y a dar sus diezmos de acuerdo a los mandamientos de Dios. Como resultado de ello, recibieron la bendición de poder tener un bebé y de que este fuera saludable, y no solo eso, también recibieron grandes bendiciones financieras. Ahora el esposo sirve en la iglesia como un anciano y toda la familia es de gran apoyo y alivio en la evangelización.

Acatar los mandamientos de Dios es igual a sostener una lámpara en completa oscuridad. Cuando tenemos una lámpara que brilla, no tenemos que preocuparnos por tropezar con algo en la oscuridad. De igual manera, cuando Dios, quien es la luz, está con nosotros, nos protege en todas las circunstancias y podemos disfrutar de las bendiciones y autoridad que está reservado para todos los hijos de Dios.

La llave para recibir todo lo que usted pida

En 1 Juan 3:21-22 dice: *"Amados, si nuestro corazón no nos reprende, confianza tenemos en Dios; y cualquiera cosa que pidiéremos la recibiremos de él, porque guardamos sus mandamientos, y hacemos las cosas que son agradables delante de él".*

¿No es grandioso saber que si uno simplemente obedece los mandamientos que están escritos en la Biblia y hace lo que a Dios le agrada, puede con toda confianza pedirle lo que quiera y Él le responderá? ¡Cuán feliz se sentirá Dios al ver con Sus ojos de fuego a Sus hijos que son obedientes, y poder responderles a cada petición de oración de acuerdo a la ley del reino espiritual!

Es por ello que los Diez Mandamientos de Dios son como

un manual de amor que nos enseña el mejor camino para recibir las bendiciones de Dios mientras estamos siendo cultivados en el mundo. Los Mandamientos nos enseñan cómo podemos evitar calamidades y desastres, y cómo podemos recibir bendiciones.

Dios no nos dio el mandamiento de condenar a aquellos que no obedecen, sino el de disfrutar las bendiciones eternas en Su hermoso reino de los Cielos mediante la obediencia a Sus mandamientos (1 Timoteo 2:4). Cuando usted llega a sentir y entender el corazón de Dios y vivir mediante Sus mandamientos, usted puede recibir aún más de Su amor.

Además de esto, al estudiar cada mandamiento detalladamente y al obedecerlo con la fortaleza que Dios amorosamente le provee, podrá recibir todas las bendiciones que anhela recibir de Su parte.

Capítulo 2
El primer mandamiento

"No tendrás dioses ajenos delante de mí"

Éxodo 20:1-3

Y habló Dios todas estas palabras, diciendo: "Yo soy Jehová tu Dios, que te saqué de la tierra de Egipto, de casa de servidumbre. No tendrás dioses ajenos delante de mí".

Dos personas que se aman el uno al otro sienten alegría por el simple hecho de estar juntos. Es por ello que dos personas que se aman ni siquiera sienten frío cuando pasan tiempo juntos en medio del invierno, y por ello pueden hacer lo que la otra persona les pide, sin importar cuán complicado sea lo que quiere, mientras la haga feliz. Incluso si tienen que sacrificar sus propias vidas por la otra persona, se sienten felices de poder hacer algo por ella, y aún más cuando ven la expresión de gozo en su rostro.

Esto es similar a nuestro amor por Dios. Si verdaderamente amamos a Dios, entonces ser obedientes a sus mandamientos no debería ser gravoso; al contrario, debería producirnos gozo.

Los Diez Mandamientos que los hijos de Dios deben obedecer

En la actualidad, algunas personas que se hacen llamar creyentes dicen: "¿Cómo podemos obedecer 'todos' los mandamientos de Dios?" Básicamente lo que están diciendo es que debido a que las personas no son perfectas, no hay manera de que podamos obedecer los Diez Mandamientos completamente. Solo podemos 'intentar' obedecer todos los mandamientos.

Sin embargo, en 1 Juan 5:3 leemos: *"Pues este es el amor a Dios, que guardemos sus mandamientos; y sus mandamientos no son gravosos"*. Esto significa que la prueba de que amamos a Dios es nuestra obediencia a Sus mandamientos, los cuales no son gravosos lo suficiente como para no obedecerlos.

En el tiempo del Antiguo Testamento, las personas tenían que obedecer los mandamientos mediante su propia voluntad y fortaleza; pero ahora, en el tiempo del Nuevo Testamento, todo aquel que acepta a Jesucristo como su Salvador, recibe la ayuda del Espíritu Santo quien le ayuda a ser obediente.

El Espíritu Santo es uno con Dios, y tiene el corazón de Dios y posee el rol de ayudar a los hijos de Dios. Es por eso que el Espíritu Santo intercede por nosotros, nos consuela, guía nuestras acciones y derrama el amor de Dios en nosotros para que podamos luchar contra el pecado, hasta el punto de derramar sangre, y actuar de acuerdo a la voluntad de Dios (Hechos 9:31, 20:28; Romanos 5:5, 8:26).

Cuando recibimos este tipo de fortaleza de parte del Espíritu Santo, podemos entender profundamente el amor de Dios que nos ha dado al unigénito Hijo de Dios, y luego podemos obedecer lo que no podíamos con nuestra propia voluntad y fortaleza. Aún existen personas que siguen diciendo que es difícil obedecer los mandamientos de Dios y ni siquiera intentan obedecerlos; por el contrario, siguen viviendo en medio del pecado. En realidad estas personas no aman a Dios desde lo profundo de sus corazones.

En 1 Juan 1:6 leemos: *"Si decimos que tenemos comunión con él, y andamos en tinieblas, mentimos, y no practicamos la verdad";* y en 1 Juan 2:4 dice: *"El que dice: Yo le conozco, y no guarda sus mandamientos, el tal es mentiroso, y la verdad no está en él".*

Si la Palabra de Dios, la cual es la verdad y la semilla de la vida, está dentro de alguien, esta persona no puede pecar. Será guiada a vivir en la verdad. Así que, si alguien dice creer en Dios pero no obedece Sus mandamientos, significa que la verdad no está realmente en aquel; está mintiendo delante de Dios.

Entonces, ¿cuál es el primero de estos mandamientos que los hijos de Dios necesitan obedecer, que prueba el amor de ellos por Dios?

"No tendrás dioses ajenos delante de mí"

En este caso, al decir 'no tendrás' se refiere a Moisés quien directamente recibió los Diez Mandamientos de parte de Dios, a los israelitas que recibieron los mandamientos a través de Moisés y a todos los hijos de Dios en la actualidad que son salvos mediante el nombre del Señor. ¿Por qué cree que Dios ordenó a Su pueblo que no tengan otros dioses delante de Él como el primer mandamiento?

Esto se debe a que solo Dios es el verdadero y único Dios

viviente, el Creador Omnipotente del universo. Además, solo Dios tiene control supremo sobre el universo, la historia de la humanidad, la vida y la muerte y da la vida verdadera y eterna a las personas.

Dios es quien nos salva de nuestra esclavitud del pecado en este mundo. Es por ello que, aparte del único Dios, no debemos tener ningún otro dios en nuestro corazón.

No obstante, muchas personas necias se alejan de Dios y pasan su vida adorando a muchos ídolos falsos. Algunos adoran la imagen de Buda, que no puede ni siquiera parpadear; otros adoran a las piedras, árboles muy antiguos e incluso algunas personas se ponen de frente al polo norte y lo adoran.

Algunas personas adoran la naturaleza y claman los nombres de tantos dioses falsos al idolatrar a las personas muertas. Cada raza y cada nación tiene su propia cuota de ídolos. Solo en Japón, se dice que tienen tantos ídolos que poseen ocho millones diferentes de dioses.

¿Por qué cree usted que las personas hacen estos ídolos falsos y los adoran? Es porque están buscando una manera de consolarse a sí mismos, o simplemente están siguiendo las costumbres antiguas de sus ancestros, las cuales están equivocadas. O también pueden tener un deseo egoísta de recibir más bendiciones o mejor fortuna por adorar a muchos dioses diferentes.

No obstante, algo que debemos dejar en claro es que, aparte de Dios el Creador, no hay otro dios que tiene el poder de darnos bendiciones y mucho menos salvarnos.

Evidencias en la naturaleza de Dios el Creador

En Romanos 1:20 está escrito lo siguiente: *"Porque las cosas invisibles de él, su eterno poder y deidad, se hacen claramente visibles desde la creación del mundo, siendo entendidas por medio de las cosas hechas, de modo que no tienen excusa"*. Si damos un vistazo a los principios del universo, podemos ver que un Creador absoluto existe, y que hay un solo Dios el Creador.

Por ejemplo: cuando vemos a la raza humana sobre la Tierra, todos los cuerpos de las personas tienen la misma estructura y funciones. Sea una persona de tez negra o blanca, no importa de qué raza sea o de qué país provenga; todos tienen dos ojos, dos orejas, una nariz y una boca ubicada en el mismo lugar de sus rostros. Además, este es el mismo caso con los animales.

Los elefantes son animales que tienen una nariz muy larga, pero note que tienen una nariz larga y dos fosas nasales. Los conejos, con orejas largas, y los leones feroces también tienen el mismo número de ojos, boca y orejas ubicadas en los mismos lugares que los tienen las personas. Innumerables organismos vivos, como animales, peces, aves e incluso insectos, aparte de las características especiales que los hacen diferentes unos de otros, tienen la misma estructura corporal y la misma función. Esto nos prueba que solo hay 'un' Creador.

Los fenómenos naturales también prueban claramente la existencia de Dios el Creador. Una vez al día, la Tierra realiza una rotación completa sobre su eje, y una vez al año, da una vuelta completa alrededor del sol, y una vez al mes, la luna gira y rota alrededor de la Tierra. Por medio de la rotación y traslación de la Tierra, podemos experimentar muchos acontecimientos naturales de modo constante. Tenemos la noche y el día, y las cuatro estaciones diferentes. Tenemos marea alta y marea baja, y debido a los cambios térmicos, experimentamos circulación atmosférica.

La ubicación y los movimientos de la Tierra hacen de este planeta un perfecto hábitat para la sobrevivencia de la humanidad y todos los demás organismos vivientes. La distancia que hay entre el sol y la Tierra no puede estar más cerca o más lejos. La distancia que existe entre el sol y la Tierra ha sido siempre la distancia perfecta desde el comienzo de los tiempos, y la rotación y traslación de la Tierra alrededor del sol han estado sucediendo durante mucho tiempo, sin una fracción de error.

Ya que el universo fue creado por Dios y opera bajo Su sabiduría, muchas cosas inimaginables que el hombre no puede entender completamente, ocurren todos los días.

Con todas estas evidencias claras, en el día del juicio final, nadie podrá excusarse al decir: "No pude creer porque no sabía que Dios realmente existía".

Un día, Sir Isaac Newton le pidió a un experimentado mecánico que construyera un sofisticado modelo del sistema solar. Cierto día llegó a visitarlo un amigo que era ateo y le mostró el modelo del sistema solar. Sin pensarlo mucho giró la manivela, y ocurrió algo realmente asombroso. Cada planeta en el modelo comenzó a girar alrededor del sol a diferentes velocidades.

El amigo no pudo esconder su asombro, y dijo: "¡Este es realmente un modelo asombroso! ¿Quién lo hizo?" ¿Qué cree que respondió Newton? Él dijo: "Ah, nadie lo hizo. Simplemente acaba de juntarse todo por casualidad".

El amigo de Newton sintió que estaba bromeando con él, y le respondió: "¡¿Qué?!... ¿crees que soy tonto? ¿Cómo diablos puede un modelo complejo como este aparecer de la nada?"

A lo que Newton respondió: "Este es simplemente un modelo pequeño del verdadero sistema solar. ¿Estás argumentando que incluso un modelo tan simple como este no puede juntarse sin un diseñador o fabricante? Entonces, ¿cómo le explicarías a alguien que cree que el actual sistema solar, que es mucho más complicado y extenso, fue creado sin un creador?"

Esto fue lo que Newton escribió en su libro *The Philosophiæ Naturalis Principia Mathematica,* que traducido es "Principios matemáticos de la filosofía natural", también conocido simplemente como Principia. "Este sistema más hermoso del sol, los planetas y los cometas, solo podía proceder del consejo y dominio de un Ser inteligente y poderoso, Él (Dios), es eterno e infinito".

Es por esta razón que un gran número de científicos que estudian las leyes de la naturaleza son cristianos. Mientras más estudian la naturaleza del universo, más descubren el Omnipotente poder de Dios.

Además, por medio de los milagros y señales que ocurren y aparecen a los creyentes, a través de los siervos y obreros de Dios que son amados y reconocidos por Él, y por medio de la historia de hombres que cumplieron con las profecías de la Biblia, Dios nos muestra muchas evidencias para que podamos creer en Él; el Dios viviente.

Personas que reconocieron a Dios el Creador sin escuchar acerca del evangelio

Si usted mira la historia de la humanidad, podrá ver a personas con buen corazón, quienes nunca habían escuchado el evangelio, reconocer al único Dios el Creador e intentar vivir en rectitud.

Las personas de corazones impuros y confundidos adoraron a muchos dioses para intentar consolarse a sí mismos. Por otra parte, personas con corazones rectos y limpios solo adoraron y sirvieron a Dios el Creador, aunque ellos no conocían acerca de Él.

El almirante Soonshin Yi, por ejemplo, quien vivió durante la Dinastía de Chosun en Corea, sirvió a su país, al rey y a su pueblo con su propia vida. Él honró a sus padres y, durante toda su vida, nunca intentó buscar su propio beneficio, sino al contrario, se sacrificó por los demás. A pesar de que él no conocía acerca de Dios y nuestro Señor Jesús, no adoró a los chamanes, demonios o espíritus malignos, sino que, con la conciencia tranquila, sólo miró hacia el Cielo y creyó en un creador.

Estas personas buenas nunca aprendieron la Palabra de Dios, sin embargo, podemos ver que siempre intentaron llevar vidas limpias y basadas en la verdad. Dios abrió un camino para este tipo de personas para que también puedan ser salvas a través de algo llamado "El juicio de consciencia". Esta es la manera de Dios de dar salvación a las personas desde los tiempos del Antiguo Testamento, o a las personas después del tiempo de Jesucristo que nunca tuvieron la oportunidad de escuchar el evangelio.

En Romanos 2:14-15 está escrito: *"Porque cuando los gentiles que no tienen ley, hacen por naturaleza lo que es de la ley, éstos, aunque no tengan ley, son ley para sí mismos, mostrando la obra de la ley escrita en sus corazones, dando testimonio su conciencia, y acusándoles o defendiéndoles sus razonamientos".*

Cuando las personas que poseen buena consciencia escuchan acerca del evangelio, ellos recibirán al Señor en sus corazones con facilidad. Dios permite que estas almas permanezcan temporalmente en el 'Sepulcro Alto' para que luego puedan entrar al Cielo.

Cuando la vida de una persona llega a su fin, su espíritu deja el cuerpo físico. El espíritu temporalmente permanece en un lugar llamado el 'sepulcro'. Este es un lugar temporal donde aprende a adaptarse al mundo espiritual antes de ir al lugar donde estará por la eternidad. Este lugar está dividido en el 'Sepulcro Alto', donde permanecen las personas salvas; y el 'Sepulcro Bajo', donde las personas que no han sido salvas esperan en tormento (Génesis 37:35; Job 7:9; Números 16:33; Lucas 16).

No obstante, en Hechos 4:12 leemos: *"Y en ningún otro hay salvación; porque no hay otro nombre bajo el cielo, dado a los hombres, en que podamos ser salvos".* Por lo tanto, con el fin de asegurarse de que esas almas en el Sepulcro Alto tuvieran la oportunidad de escuchar el evangelio, Jesús se dirigió a ese lugar para compartir el evangelio con ellos.

Las Escrituras apoyan este hecho. En 1 Pedro 3:18-19 leemos: *"Porque también Cristo padeció una sola vez por los pecados, el justo por los injustos, para llevarnos a Dios, siendo a la verdad muerto en la carne, pero vivificado en espíritu; en el cual también fue y predicó a los espíritus encarcelados".* Aquellas 'buenas' almas en el Sepulcro Alto reconocieron a Jesús, recibieron el evangelio y fueron salvados.

Por lo tanto, para las personas que han vivido con una buena consciencia y que creen en el Creador, hayan sido del tiempo del Antiguo Testamento o que no hayan escuchado nunca acerca del evangelio o las leyes, el Dios de justicia miró lo profundo de los corazones y abrió la puerta de la salvación para ellos.

¿Por qué Dios mandó a Su pueblo a que nunca pusieran a otros dioses delante de Él?

De vez en cuando, los no creyentes dicen: "El cristianismo exige que la gente crea en Dios solamente. ¿No convierte esto a la religión en demasiado inflexible y exclusiva?"

Existen personas que se hacen llamar creyentes pero dependen de la quiromancia, la brujería, los hechizos y los talismanes.

Especialmente, Dios nos dice que no debemos comprometernos en estas áreas. Él dijo: "No tendrás dioses ajenos delante de mí". Esto significa que nunca debemos asociarnos y bendecir a los ídolos falsos y ninguna de las creaciones de Dios. Y de ningún modo debemos definirlos de igual manera que a Dios.

Solo hay un Creador, quien nos ha creado y solo Él puede bendecirnos y darnos vida. Los dioses e ídolos falsos que las personas adoran, provienen en última instancia, del enemigo diablo. Están parados en hostilidad delante de Dios.

El enemigo diablo trata de confundir a las personas y apartarlas de Dios. Al adorar a las cosas que son falsas, terminan adorando a Satanás y de esta manera van camino hacia su propia destrucción.

Es por esta razón que las personas que dicen ser creyentes en Dios, pero siguen adorando ídolos falsos en sus corazones, aún siguen bajo la sujeción del enemigo diablo. Por esta razón, ellos continúan experimentando dolor y sufrimiento por causa de las dolencias, las enfermedades y las tribulaciones.

Dios es amor, y Él no quiere que Su pueblo adore ídolos falsos y vaya hacia la muerte eterna, es por eso que Él nos manda a no tener otros dioses delante de Él. Al adorarle solo a Él, podemos tener vida eterna, y además podemos recibir bendiciones abundantes por parte de Él mientras vivimos en este mundo.

Debemos recibir bendiciones mediante nuestra plena confianza y dependencia solo en Dios

En 1 Crónicas 16:26 leemos: *"Porque todos los dioses de los pueblos son ídolos; mas Jehová hizo los cielos"*. Si Dios no hubiera dicho: "No tendrás dioses ajenos delante de mí", entonces las personas indecisas, o incluso algunos creyentes, sin saberlo, podrían terminar adorando falsos ídolos y caminar hacia la muerte eterna.

Podemos ver esto solo en la historia de los israelitas. Ellos, entre todas las personas, aprendieron acerca del único Creador del universo, y experimentaron Su poder en varias ocasiones. Pero con el tiempo se alejaron de Dios y comenzaron a adorar a otros dioses e ídolos.

Ellos pensaban que los ídolos de los gentiles se veían bien, por lo tanto comenzaron a adorar a aquellos ídolos lado a lado con Dios. Como resultado, tuvieron que experimentar todo tipo de tentaciones, tribulaciones y plagas que el enemigo diablo y Satanás produjo sobre sus vidas. Solo cuando ellos ya no podían soportar el dolor y la penuria por más tiempo, en ese momento se arrepentían y volvían a Dios.

La razón por la cual Dios, quien es amor, les perdonó una y otra vez, y los salvó de los problemas, era porque no los quería ver experimentar la muerte espiritual como resultado de la adoración a los ídolos falsos.

Dios continuamente nos muestra evidencia de que Él es el Creador, el Dios vivo, para que podamos adorarle solo a Él. Dios nos salvó del pecado por medio de Su Hijo unigénito, Jesucristo, y nos prometió una vida eterna; y nos dio la esperanza de vivir eternamente en el Cielo.

Dios nos ayuda a conocer y creer que Él es el Dios viviente al mostrarnos milagros, señales y prodigios por medio de Su pueblo, los sesenta y seis libros de la Biblia y la historia de la humanidad.

Consecuentemente, debemos adorar con fidelidad a Dios, el Creador del universo, quien tiene el control sobre todas las cosas. En calidad de Sus hijos, debemos producir buen fruto abundante al depender exclusivamente de Él.

Capítulo 3
El segundo mandamiento

"No te harás imagen, ni lo adorarás"

Éxodo 20:4-6

"No te harás imagen, ni ninguna semejanza de lo que esté arriba en el cielo, ni abajo en la tierra, ni en las aguas debajo de la tierra. No te inclinarás a ellas, ni las honrarás; porque yo soy Jehová tu Dios, fuerte, celoso, que visito la maldad de los padres sobre los hijos hasta la tercera y cuarta generación de los que me aborrecen, y hago misericordia a millares, a los que me aman y guardan mis mandamientos".

"El señor murió en la cruz por mí. ¿Cómo puedo negar al Señor por causa del miedo a la muerte? Prefiero morir diez veces por el Señor que traicionarlo y vivir por cien o incluso mil años sin sentido. No tengo más que un compromiso. Por favor ayúdame a vencer el miedo a la muerte para que de esa manera no exponga al Señor a vergüenza por escatimar mi propia vida".

Esta es la confesión del Reverendo Ki Chol-Chu, quien fue martirizado por negarse a inclinarse ante un altar japonés. Esta historia se encuentra en el libro *More Than Conquerors: The Story of the Martyrdom of Reverend Ki-Chol Chu* (Más que vencedores: La historia del martirio del Reverendo Ki-Chol Chu). Sin acobardarse por el miedo de la espada o las armas, el reverendo Ki-Chol Chu dio su vida para obedecer el mandamiento de Dios de no inclinarse ante ningún ídolo.

"No te harás imagen (ídolo), ni lo adorarás"

Como cristianos, nuestro deber es amar y adorar a Dios, y solo a Él. Es por ello que Dios nos dio como primer mandamiento "No tendrás dioses ajenos delante de mí". Y luego, para prohibir estrictamente la adoración a ídolos, nos dio el segundo mandamiento: "No te harás imagen (ídolo); ni lo adorarás ni lo servirás".

A primera vista, usted puede pensar que el primer mandamiento y el segundo mandamiento son iguales. Sin embargo, están separados como mandamientos diferentes debido a que tienen un significado espiritual distinto. El primer mandamiento es una advertencia en contra del politeísmo, y nos dice que adoremos y amemos solo al único Dios verdadero.

El segundo mandamiento es una lección en contra de adorar ídolos falsos, y es además una explicación de las bendiciones que se recibe cuando se adora y ama solo a Dios. Demos un vistazo al significado de la palabra 'ídolo'.

Definición física de 'ídolo'

La palabra 'ídolo' puede ser explicada en dos maneras, un ídolo físico y un ídolo espiritual. Primero, en el sentido físico, un 'ídolo' es 'una imagen u objeto creado para representar un dios que no tiene forma física, para que pueda darse la adoración.

En otras palabras, un ídolo puede ser cualquier cosa; un árbol, la imagen de una persona, mamíferos, insectos, aves, criaturas del mar, el sol, la luna, las estrellas del cielo o algo formado de la imaginación del hombre que pueda hacer por sí solo con acero, plata, oro o cualquier otra cosa existente que alguien pueda homenajear y adorar.

No obstante, un ídolo creado por el hombre no posee vida, por lo tanto no puede responder ni dar bendiciones. Si las personas que han sido creadas a la imagen de Dios, crean otra imagen con sus propias manos y la adoran pidiéndole que los bendiga, ¿no parecería algo absurdo y ridículo?

En Isaías 46:6-7 leemos: *"Sacan oro de la bolsa, y pesan plata con balanzas, alquilan un platero para hacer un dios de ello; se postran y adoran. Se lo echan sobre los hombros, lo llevan, y lo colocan en su lugar; allí se está, y no se mueve de su sitio. Le gritan, y tampoco responde, ni libra de la tribulación"*.

No solo esta porción de las Escrituras hace referencia a la creación de un ídolo y de adorarlo, sino también se refiere a la creencia en amuletos contra la mala suerte o la realización de ritos sacrificiales de inclinarse ante los muertos. Las personas creen incluso en cosas supersticiosas, y la práctica de la hechicería está encerrada en esta categoría; creen que los amuletos apartan las dificultades y traen buena suerte, pero esto no es cierto. Las personas con agudeza espiritual pueden ver que las tinieblas y los espíritus malignos son realmente atraídos a los lugares donde hay amuletos e ídolos, en última instancia, provocan calamidades y tribulaciones a las personas en posesión de ellos. Fuera del Dios viviente, no hay otro dios que pueda traer bendición verdadera a las personas. En realidad, los demás dioses son la causa principal de las calamidades y las maldiciones.

Entonces, ¿por qué las personas crean ídolos y los adoran? Es porque tienen la tendencia a querer satisfacer sus deseos con cosas que pueden ver, sentir y tocar de manera física.

Podemos ver esta psiquis humana en los israelitas, cuando salieron de Egipto. Cuando ellos clamaron a Dios acerca de sus dolores y arduo trabajo debido a los 400 años de esclavitud, Dios designó a Moisés como el líder del éxodo de Egipto, mostrándoles todo tipo de señales y prodigios para que pudieran tener fe en Él.

Cuando el Faraón se negó a dejarlos ir, Dios envió diez plagas al pueblo de Egipto. Y cuando el mar Rojo bloqueó el camino de los israelitas, Dios dividió el mar en dos. Incluso después de experimentar este milagro, mientras Moisés estaba en las montañas durante cuarenta días para recibir los Diez Mandamientos, Su pueblo perdió la paciencia y creó un ídolo, y lo adoraron. Desde el momento que Moisés había desaparecido de la vista del pueblo, ellos quisieron crear algo que pudieran adorar. Se hicieron un becerro de oro y le pusieron de nombre 'el dios que los había llevado hasta ese lugar'. Incluso le hicieron sacrificios, se emborracharon, comieron y danzaron delante de él. Este incidente hizo que los hijos de Israel experimentaran la gran ira de Dios.

Debido a que Dios es espíritu, las personas no pueden verlo con sus ojos físicos, o crear una figura física que lo represente. Es por esta razón que jamás debemos crear un ídolo y llamarlo 'dios', ni tampoco adorarlo bajo ninguna circunstancia.

En Deuteronomio 4:23 leemos: *"Guardaos, no os olvidéis del pacto de Jehová vuestro Dios, que él estableció con vosotros, y no os hagáis escultura o imagen de ninguna cosa que Jehová tu Dios te ha prohibido"*. Adorar a un ídolo sin vida y sin poder, en lugar de adorar a Dios, el verdadero Creador, hace más daño que bien a los hombres.

Ejemplos de la adoración a ídolos

Algunos creyentes quizás caigan en la trampa de la adoración a ídolos sin siquiera darse cuenta de ello. Puede ser que algunas personas se inclinen ante un cuadro de Jesús, por ejemplo, o a una estatua de la virgen María o algún otro precursor de la fe.

Puede ser que un gran número de personas no piensen que esto es adoración a ídolos, sin embargo es una manera de adoración a ídolos que a Dios no le agrada. Este es un buen ejemplo: muchas personas llaman a la virgen María "Santa Madre". Pero si usted estudia la Biblia puede ver que esto está claramente equivocado.

Jesús fue concebido por el Espíritu Santo, y no mediante la fecundación de un esperma con un óvulo de un hombre y una mujer. Por consiguiente, no podemos llamar a la virgen María 'madre'. Por ejemplo: la tecnología actual le permite a los doctores colocar el esperma del hombre y el óvulo de la mujer en una máquina de última generación que realiza la inseminación artificial. Esto no significa que podamos llamar a esta máquina la 'madre' de un bebé que ha nacido por medio de este proceso.

Jesús, siendo en forma de Dios el Padre, fue concebido por el Espíritu Santo, y nació a través del cuerpo de la virgen María para que pudiera venir a este mundo con un cuerpo físico. Es por ello que Jesús llamó a la Virgen María 'mujer' y no 'madre' (Juan 2:4, 19:26). En la Biblia, cuando se hace referencia de María como la 'madre' del Señor, fue solo porque se escribió desde el punto de vista de los discípulos quienes escribieron la Biblia.

Justo antes de Su muerte, Jesús le dijo a Juan: "He ahí tu madre", refiriéndose a María. En este caso, Jesús le estaba pidiendo a Juan que cuidara de María como su propia madre (Juan 19:27). Jesús hizo este pedido porque Él estaba intentando consolar a María, debido a que comprendía el dolor en su corazón ya que ella le había servido desde el momento que había sido concebido por el Espíritu Santo, hasta el momento que Jesús alcanzó plena madurez mediante el poder de Dios y fue independiente de ella.

Sin embargo, es incorrecto postrarse ante una estatua de la Virgen María.

Hace un par de años, mientras me encontraba visitando los países del Medio Oriente, durante nuestra conversación, una persona influyente me invitó y me mostró una alfombra de aspecto interesante. Era una alfombra invaluable, hecha a mano, su elaboración había requerido varios años. En ella estaba la imagen de un Jesús de color negro. A partir de este ejemplo, podemos ver que incluso la imagen de Jesús es inconsistente, dependiendo de quién sea el artista o escultor. Por consiguiente, si alguien se postra u ora a esta imagen, estaría cometiendo idolatría, que es algo inaceptable.

¿Qué es considerado un 'ídolo' y qué no?

De vez en cuando hay algunos que son demasiado cautelosos, y argumentan que la "cruz" que se encuentra en las iglesias es una especie de ídolo. No obstante, la cruz no es un ídolo sino un símbolo del evangelio en el que creemos los cristianos. La razón por la cual los creyentes miran la cruz es para recordar la sagrada sangre de Jesús la cual fue derramada por los pecados de la humanidad y la gracia de Dios que nos dio el evangelio. La cruz no puede ser un objeto de adoración, ni un ídolo.

Es el mismo caso con el cuadro de Jesús sosteniendo un cordero, o La Última Cena, o cualquier escultura donde el artista lo único que quiere es expresar un pensamiento.

La pintura de Jesús sosteniendo un cordero muestra que Él es el Buen Pastor. El artista no creó este cuadro para que se convirtiera en un objeto de adoración, pero si alguien lo adora o se postra delante de él, se convierte en un ídolo.

Existen casos en los que las personas dicen: "Durante el tiempo del Antiguo Testamento, Moisés hizo un ídolo". Se están refiriendo al evento en el que los israelitas se quejaron contra Dios, por lo que terminaron siendo mordidos por serpientes venenosas en el desierto. Cuando una gran cantidad de personas murieron tras ser mordidas por las serpientes venenosas, Moisés hizo una serpiente de bronce y la colocó en un poste. Aquellos que obedecían la Palabra de Dios y miraban a la serpiente de bronce vivían, y aquellos que no lo hacían morían.

Dios no le dijo a Moisés que creara una serpiente de bronce para que las personas pudieran adorarla. Él quería mostrarles a las personas una ilustración de Jesucristo, quien algún día llegaría a salvarlos de la maldición en la cual se encontraban, de acuerdo a la ley espiritual.

Aquellas personas que obedecieron a Dios y miraron a la serpiente, no perecieron por sus pecados. Del mismo modo, aquellas almas que creen que Jesucristo murió en la cruz por sus pecados y lo aceptan como su Salvador y Señor, no perecerán a causa de sus pecados, sino que tendrán vida eterna.

En 2 Reyes 18:4 dice que mientras el 16.º rey de Judá, Ezequías, estaba destruyendo los ídolos en Israel: "*...hizo pedazos la serpiente de bronce que había hecho Moisés, porque hasta entonces le quemaban incienso los hijos de Israel; y la llamó Nehustán".* Esto recordó una vez más a las personas que aunque la serpiente de bronce fue creada como Dios lo había ordenado, nunca debió haberse convertido en un objeto de idolatría ya que esa no había sido la intensión de Dios.

Significado espiritual de 'ídolo'

Además de comprender la palabra "ídolo" en el sentido físico, también hay que entenderla en el sentido espiritual. La definición espiritual de 'la adoración de ídolos' es 'todo aquello que alguien ama más que a Dios'. La idolatría no se limita sólo a inclinarse ante la imagen de Buda o reverenciar a los antepasados fallecidos.

Si debido a nuestro deseo egoísta amamos a nuestros padres, esposo o esposa, o incluso a nuestros hijos más que a Dios, en un sentido espiritual, estamos haciendo que ese amor que sentimos por los demás se convierta en un ídolo. Y si nos sobrestimamos y amamos a nosotros mismos, nos estamos convirtiendo en ídolos.

Por supuesto, esto no quiere decir que solo debemos amar a Dios y no amar a nadie más. Por ejemplo, Dios dice a Sus hijos que es su deber amar a sus padres en la verdad. Además les manda: "Honra a tu padre y a tu madre". No obstante, si el amar a nuestros padres nos lleva al punto de extraviarnos de la verdad, entonces amamos más a nuestros padres que a Dios y, de esta manera, hacemos que ellos se conviertan en nuestros ídolos.

A pesar de que nuestros padres dieron vida física a nuestros cuerpos, ya que Dios creó el esperma y el óvulo, o la semilla de la vida, Dios es el Padre de nuestro espíritu. Supongamos que algunos padres que no son cristianos desaprueban que sus hijos vayan a la iglesia el domingo. Si el hijo, que sí es cristiano, no va a la iglesia para complacer a sus padres, entonces el hijo ama a sus padres más que a Dios. Esto no sólo entristece el corazón de Dios, sino que también significa que el hijo no ama verdaderamente a sus padres.

Si en realidad usted ama a alguien, deseará que esa persona pueda recibir la salvación y la vida eterna; esto es verdadero amor. Así que, en primer lugar usted debe guardar el Día del Señor como un día santo, y luego orar por sus padres y compartir el evangelio con ellos tan pronto como le sea posible. Solo de esta manera podrá decir que verdaderamente los ama y los honra.

Por otro lado, como padres, si verdaderamente aman a sus hijos, primeramente deben amar a Dios y luego amar a sus hijos dentro del amor de Dios. No importa cuán preciosos sean sus hijos para usted, ya que no podrá protegerlos del enemigo diablo y Satanás solo con su poder humano limitado. Además no puede protegerlos de accidentes repentinos, ni curarlos de una enfermedad que no sea conocida por la medicina moderna.

No obstante, cuando los padres adoran a Dios y ponen a sus hijos en Sus manos y los aman dentro del amor de Dios, Él protegerá a sus hijos. No solo les dará fortaleza física y espiritual, sino que también los bendecirá para que puedan ser prósperos en todas las áreas de sus vidas.

Lo mismo sucede en el caso del amor entre esposos. Una pareja que desconoce el verdadero amor de Dios, solo se podrá amar entre sí con amor carnal. Irán en busca de sus propios beneficios, por eso a veces discutirán entre ellos; y con el tiempo, el amor que sienten el uno al otro puede incluso cambiar.

No obstante, cuando una pareja se ama entre sí dentro del amor de Dios, podrán amarse el uno al otro incluso con amor espiritual. En este caso, la pareja no se enfadará u ofenderá entre sí y no intentarán satisfacer sus propios deseos egoístas. Al contrario, compartirán un amor que es invariable, verdadero y hermoso.

Amar algo o alguien más que a Dios

Solo cuando estamos dentro del amor de Dios y amamos primeramente a Dios el Padre, podemos amar a los demás con amor verdadero. Es por ello que Dios nos dice: "Ama primero a Dios" y "no pongas otros dioses delante de Dios". Pero si luego de escuchar esto, usted dice: "Estuve en la iglesia y me dijeron que solo debo amar a Dios y no a los miembros de mi familia", entonces está gravemente malentendiendo la interpretación espiritual de Sus mandamientos.

Si como creyente usted quebranta los mandamientos de Dios

o se compromete con el mundo para poder obtener riquezas materiales, fama, conocimiento o poder, y por lo tanto se aparta de caminar en la verdad, en un sentido espiritual, usted está haciendo de su ser un ídolo.

También existen personas que no guardan el Día del Señor santo o fracasan en dar sus diezmos porque aman las riquezas más que a Dios, a pesar del hecho de que Dios promete bendecir a aquellos que dan sus diezmos.

A menudo los adolescentes pegan fotografías de sus cantantes favoritos, actores, atletas o instrumentistas en sus habitaciones, o hacen marcadores de libros de las fotos de estas personas, e incluso llevan sus fotografías en sus chalecos o bolsillos para mantener a sus estrellas favoritas cerca de sus corazones. Existen momentos cuando estos adolescentes aman a estas personas más que a Dios mismo.

Por supuesto que puede apreciar a un actor, una actriz, un atleta, etc. que es excelente en lo que hace. Sin embargo, si aman y aprecian las cosas de este mundo al punto de apartarse de Dios, Él no se sentirá complacido de esto. Además, los niños pequeños que vierten todo su corazón en ciertos juguetes o juegos de vídeo, también pueden llegar a hacer de estas cosas sus "ídolos".

Los celos de Dios por amor

Luego de darnos un fuerte mandato en contra de la adoración

a los ídolos, Dios nos habla acerca de las bendiciones para aquellos que le obedecen, y la advertencia para aquellos que le desobedecen.

> *"No te inclinarás a ellas, ni las honrarás; porque yo soy Jehová tu Dios, fuerte, celoso, que visito la maldad de los padres sobre los hijos hasta la tercera y cuarta generación de los que me aborrecen, y hago misericordia a millares, a los que me aman y guardan mis mandamientos"* (Éxodo 20:5-6).

Cuando Dios dice que Él es un 'Dios celoso' en el verso cinco, no se refiere a que es 'celoso' de la misma manera que las personas se ponen celosas. Porque en realidad, los celos no son parte del carácter de Dios. En este caso, Él utiliza la palabra 'celos' para hacer que sea más fácil de entender para nosotros con nuestras emociones humanas. Los celos que las personas sienten son de la carne, la impureza y la suciedad, y esto lastima a las personas que están involucradas.

Por ejemplo, si el amor del esposo por la esposa cambia y él comienza a amar a otra mujer, la esposa comenzará a sentir celos de la otra mujer y el cambio súbito que se produce en ella será un espectáculo aterrador. La esposa se llenará de ira y odio y peleará con su marido y le dirá sus defectos a todos sus conocidos y posiblemente esto se convierta en una desgracia. A veces, la esposa puede ir donde la otra mujer y pelear con ella, o presentar una demanda contra su marido. En este caso, cuando la esposa anhela que algo malo le suceda a su marido como resultado de sus celos, esto no es un resultado de su amor, sino celos provenientes del odio.

Si la esposa realmente ama a su marido con amor espiritual, en vez de sentir celos provenientes de la carne, primero se vería introspectivamente a sí misma, y se preguntaría: "¿Estoy bien delante de Dios? ¿Realmente amo y sirvo a mi marido?" Y en vez de deshonrar a su marido, diciendo en voz alta sus defectos a los que la rodeaban, le habría pedido a Dios sabiduría para saber cómo provocarlo nuevamente a que sea una persona fiel.

Entonces, ¿qué tipo de celos siente Dios? Cuando no adoramos a Dios y no vivimos en la verdad, Él aparta Su rostro de nosotros, que es cuando enfrentamos pruebas, tribulaciones y enfermedades. Si esto sucede sabiendo que las dolencias provienen de los pecados (Juan 5:14), los creyentes se arrepentirán e intentarán buscar a Dios nuevamente.

Como pastor, me encuentro con miembros de la iglesia que experimentan esto de vez en cuando. Puede ser que un miembro de la iglesia sea bueno para los negocios, por ejemplo, por lo tanto su negocio marcha bien. Con la excusa de que está cada vez más ocupado, pierde su enfoque y deja de orar y de hacer la obra de Dios. Incluso llega al punto en el cual deja de adorar a Dios los días domingos.

Como resultado, Dios aparta Su rostro de este empresario y el negocio que estaba en su auge enfrenta una crisis. Solo de esta manera se da cuenta de su error de no vivir de acuerdo a los mandamientos de Dios, y se arrepiente. Dios prefiere que Sus hijos amados se enfrenten a una situación difícil por un corto período de tiempo y que lleguen a entender Su voluntad, que sean salvos y que caminen por el camino correcto, antes de que caigan para siempre.

Si Dios no sintiera estos celos que surgen de Su amor, y al contrario, de manera indiferente observara nuestros errores, no solo fracasaríamos en darnos cuenta de nuestros errores, sino que nuestros corazones se endurecerán causando que continuamente pequemos, y por último, caigamos en el camino de la muerte eterna. Por consiguiente, los celos que Dios siente surgen de un verdadero amor. Esta es una expresión de Su gran amor y deseo de renovarnos y guiarnos a la vida eterna.

Las bendiciones y las maldiciones que vienen por la obediencia y desobediencia al segundo mandamiento

Dios es nuestro Creador y Padre, y quien sacrificó a Su Hijo unigénito para que todas las personas puedan ser salvas. También es Soberano sobre la vida de todas las personas y quiere bendecir a los que le adoran.

El no adorar y alabar a Dios, sino a los falsos ídolos, es aborrecer a Dios. Y las personas que aborrecen a Dios reciben Su retribución, como está escrito, que los hijos serán castigados por los pecados de los padres hasta la tercera y cuarta generación (Éxodo 20:5).

Cuando miramos a nuestro alrededor, podemos ver fácilmente que las familias que adoran a los ídolos durante generaciones, siguen recibiendo su retribución. Las personas de estas familias posiblemente experimenten enfermedades malignas o incurables, deformidades, retardo mental, posesión de demonios, suicidio, dificultades financieras y todo tipo de pruebas. Y si estas calamidades continúan en la cuarta generación, entonces la familia será totalmente arruinada de manera irreparable.

Pero, ¿por qué cree que Dios castigará a la 'tercera y cuarta generación' en vez de la 'cuarta generación'? Esto muestra la compasión de Dios. Él está dejando espacio para aquellos descendientes que se arrepienten y buscan a Dios, aunque sus antepasados pueden haber adorado a ídolos falsos y hayan sido hostiles hacia Dios. Estas personas le dan a Dios una razón para detener el castigo contra ese hogar.

Pero para aquellos que sus ancestros estuvieron en gran hostilidad hacia Dios y fueron serios adoradores de ídolos, edificando la maldad, enfrentarán dificultades cuando intenten aceptar al Señor. Y aunque ellos sí lo acepten, es como que estuvieran ligados a sus antepasados por una atadura espiritual, por lo tanto, hasta que obtengan la victoria espiritual, ellos experimentarán muchas dificultades mediante sus vidas espirituales. El enemigo diablo y Satanás interferirá en cualquier manera que pueda para evitar que estas personas tengan fe, con el fin de arrastrarlas hacia las tinieblas eternas junto con él.

No obstante, si los descendientes, mientras buscan la misericordia de Dios, se arrepienten con corazones humildes por los pecados de sus ancestros e intentan deshacerse de la naturaleza pecaminosa dentro de sus vidas, entonces sin dudarlo, Dios los protegerá. Por otra parte, cuando las personas aman a Dios y guardan Sus mandamientos, Dios bendice sus familias por mil generaciones, permitiendo que ellos puedan recibir Su gracia eternamente. Cuando vemos cómo Dios dice que Él castigará a la tercera y cuarta generación, pero que bendecirá por mil generaciones, podemos ver claramente el amor de Dios por nosotros.

Ahora, esto no significa que usted automáticamente recibe abundantes bendiciones solo porque sus ancestros hayan sido grandes siervos de Dios. Por ejemplo, Dios llamó a David "un hombre conforme al corazón de Dios", y Él le prometió que bendeciría a sus descendientes (1 Reyes 6:12). Sin embargo, sabemos que entre los hijos de David, aquellos que se apartaron de Sus caminos, no recibieron las bendiciones prometidas.

Cuando examinamos las crónicas de los reyes israelitas, podemos ver que aquellos reyes que adoraron y sirvieron a Dios, recibieron las bendiciones que Él le había prometido a David. Bajo su liderazgo, su nación prosperó y floreció al punto que las naciones vecinas les rindieron homenaje. Sin embargo, los reyes que se apartaron de Dios y pecaron contra Él, experimentaron muchas dificultades durante sus vidas.

Solo cuando una persona ama a Dios e intenta vivir en la verdad sin contaminarse a sí mismo con los ídolos, puede recibir todas las bendiciones que sus ancestros hayan edificado para él.

Por lo tanto, cuando desechamos de nuestras vidas todos los ídolos espirituales y físicos que son detestables para Dios, y lo colocamos a Él en primer lugar, podemos también recibir bendiciones abundantes, las cuales ha prometido a todos Sus siervos fieles y sus generaciones venideras.

Capítulo 4
El tercer mandamiento

"No tomarás el nombre de Jehová tu Dios en vano"

Éxodo 20:7

"No tomarás el nombre de Jehová tu Dios en vano; porque no dará por inocente Jehová al que tomare su nombre en vano".

Es fácil ver que los israelitas verdaderamente estimaban la Palabra de Dios por la manera en la que registraron la Biblia o incluso la forma en la que la leyeron.

Antes de que la impresión fuera inventada, las personas debían escribir la Biblia a mano. Y cada vez que la palabra 'Jehová' tenía que ser escrita, el escritor limpiaba su cuerpo varias veces e incluso cambiaba el pincel con el que estaba escribiendo debido a que el nombre era muy santo. Y cada vez que el escritor cometía un error, debía cortar esa sección y colocar una nueva escritura sobre ella. Pero si la palabra 'Jehová' era mal escrita, esta persona comenzaba a examinar todo completamente desde el principio.

Además, en cierto momento, cuando los israelitas leyeron la Biblia, ellos no leían el nombre 'Jehová' en voz alta. Al contrario, lo leían como 'Adonai', que significa 'mi Señor', debido a que consideraban el nombre de Dios muy santo como para leerlo.

Debido a que el nombre 'Yahveh' es un nombre que representa a Dios, también creían que era una representación del glorioso y soberano carácter de Dios. Para ellos, el nombre se estableció para Aquel que es el Creador Todopoderoso.

"No tomarás el nombre de Jehová tu Dios en vano"

Algunas personas ni siquiera recuerdan que incluso existe este tipo de mandamiento en los Diez Mandamientos. Incluso entre los creyentes, existen persona que no tienen el nombre de Dios en gran estima y terminan utilizando mal Su nombre.

El 'utilizar mal' significa utilizar algo en una manera incorrecta o inapropiada. Y utilizar mal el nombre de Dios es usar el nombre santo de Dios de una manera incorrecta, no santa y de manera falsa.

Por ejemplo, si alguien habla desde su propio pensamiento y asegura que está hablando la palabra de Dios, o actúa como él quiere y asegura que está actuando de acuerdo a la voluntad de Dios, está utilizando mal Su nombre. Utilizar el nombre de Dios para realizar un juramento falso, bromear con él, etc., son todos ejemplos de uso del nombre de Dios en vano.

Otra forma común para las personas de tomar el nombre de Dios en vano, es cuando aquellos que ni siquiera lo buscan enfrentan una situación preocupante, y con resentimiento dicen: "¡Dios es tan indiferente!" o "si Dios realmente estuviera vivo, ¿cómo podría permitir que esto suceda?"

¿De qué manera Dios podría decir que no tenemos pecados si nosotros, la creación, utilizamos mal el nombre de nuestro Creador quien se merece toda la gloria y el honor? Es por ello que debemos honrar a Dios e intentar vivir en la verdad al examinar nuestras vidas constantemente con discreción, para asegurarnos de que no estamos siendo insolentes o irrespetuosos delante de

Dios.

Por lo tanto, ¿por qué tomar el nombre de Dios en vano es un pecado?

Primeramente, utilizar mal el nombre de Dios es un pecado que expresa que no creemos en Él.

Incluso entre los filósofos que declaran estudiar el significado de la vida y la existencia del universo, existen las personas que dicen: "Dios está muerto", e incluso algunas personas comunes y corrientes de manera imprudente dicen: "Dios no existe".

En una ocasión, un astronauta ruso dijo: "Pude salir al espacio exterior, pero no había Dios". Sin embargo, como astronauta, el debió haber sabido muy bien que el área que exploraba era solamente una pequeña parte del vasto universo. ¡Qué poco sentido tiene para un astronauta decir que Dios, el Creador de todo el universo, no existe simplemente porque no podía ver a Dios con los ojos en una parte relativamente insignificante del espacio que visitó!

En Salmos 53:1 leemos: *"Dice el necio en su corazón: No hay Dios. Se han corrompido, e hicieron abominable maldad; no hay quien haga bien".* Una persona que ve el universo con un corazón humilde, puede descubrir una gran cantidad de evidencia que apunta a Dios el Creador.

Dios ha dado una oportunidad a todas las personas para que crean en Él. Antes de Jesucristo, en los tiempos del Antiguo Testamento, Dios tocó el corazón de personas buenas para que pudieran sentir al Dios vivo. En la actualidad, después de Jesucristo, en el tiempo del Nuevo Testamento, Dios continúa golpeando la puerta del corazón de las personas de muchas maneras diferentes, para que de este modo muchos lleguen a conocerlo.

Es por ello que las personas buenas abren su corazón y aceptan a Jesucristo llegando a ser salvos, independientemente de cómo hayan escuchado del evangelio. Dios permite que aquellos que de manera sincera lo han buscado, experimenten Su presencia por medio de una fuerte impresión en sus corazones durante la oración, a través de visiones o sueños con significados espirituales.

Una vez escuché el testimonio de uno de los miembros de nuestra iglesia, y yo no podía dejar de sentirme sorprendido. Una noche, la madre de esta mujer, quien había fallecido de cáncer al estómago, vino a ella en sueños y le dijo: "Si yo hubiera conocido al Dr. Jaerock Lee, Pastor Principal de la Iglesia Central Manmin, me habría curado...". Esta mujer estaba ya familiarizada con la Iglesia Central Manmin, pero a través de esta experiencia, toda su familia terminó registrándose en la iglesia y su único hijo fue sanado de epilepsia.

Aún existen personas que continúan negando la existencia de Dios, a pesar del hecho de que Él nos muestra de Su existencia de diferentes maneras. Esto es porque sus corazones son malos y necios. Si estas personas siguen endureciendo sus corazones contra Dios, hablando sin tener cuidado y sin siquiera creer en Él, ¿cómo se puede decir de ellos que no tienen pecado?

Dios, quien incluso tiene contados los cabellos de nuestra cabeza, está viendo cada una de nuestras acciones con Sus ojos poderosos. Si las personas creyeran en este hecho, no serían capaces en absoluto de utilizar mal el nombre de Dios. Puede ser que parezca que algunas creen, pero debido a que no creen desde lo profundo de sus corazones, es posible que tomen el nombre de Dios en vano, lo cual se constituye en pecado delante de Él.

En segundo lugar, utilizar mal el nombre de Dios es ignorarlo.

Si ignoramos a Dios, esto significa que tampoco lo respetamos. Si nos atrevemos a faltarle el respeto a Dios, el Creador, no podemos decir que estamos sin pecado.

Salmos 96:4 nos dice: *"Porque grande es Jehová, y digno de suprema alabanza; temible sobre todos los dioses".* En 1 Timoteo 6:16 leemos: *"El único (Dios) que tiene inmortalidad, que habita en luz inaccesible; a quien ninguno de los hombres ha visto ni puede ver, al cual sea la honra y el imperio sempiterno. Amén".*

Éxodo 33:20 dice: "Dijo más: No podrás ver mi rostro; porque no me verá hombre, y vivirá". Dios el Creador es tan grande y poderoso que nosotros, la creación, no podemos mirarlo de manera irreverente cada vez que nos plazca.

Es por ello que en la antigüedad, las personas con buena consciencia, aunque no conocían a Dios, se referían al Cielo con palabras respetuosas. En Corea, por ejemplo, las personas utilizarían la forma honorífica al hablar del Cielo o el clima, para mostrar respeto al Creador. Puede ser que no conozcan al Señor Dios, pero saben que un Creador Todopoderoso del universo envía las cosas que necesitan como la lluvia, desde el Cielo. Por lo tanto, quieren mostrar respeto con sus palabras.

La mayoría de personas utilizan palabras que muestran respeto y no hacen mal uso del nombre de sus padres o personas que realmente respetan con sinceridad. Así que, si estamos hablando de Dios el Creador del universo y dador de vida, ¿no deberíamos hacer referencia a Él con la más santa de las actitudes y palabras del más alto respeto?

Por desgracia, hay algunas personas hoy que se hacen llamar creyentes, y sin embargo, no muestran respeto a Dios, y mucho menos toman Su nombre en serio. Por ejemplo, hacen chistes utilizando el nombre de Dios o mencionan citas de la Biblia de una manera descuidada. Ya que la Biblia menciona: *"Y el Verbo era Dios"* (Juan 1:1), si irrespetamos las palabras de la Biblia, es como si le faltáramos el respeto a Dios mismo.

Otra manera de hacerlo sería mintiendo en Su nombre. Un ejemplo de esto sería si una persona habla acerca de algo que ha conjurado en su propia mente y dice: "Esta es la voz de Dios", o "esto es algo guiado por el Espíritu Santo". Si consideramos no utilizar el nombre de una persona mayor de modo inapropiado, grosero y descortés, entonces ¿cuánto más debemos nosotros mismos ser cautelosos en la manera que utilizamos el nombre de Dios?

El Dios Todopoderoso conoce el corazón y los pensamientos de todos los seres vivos como la palma de Su mano, y conoce si las acciones son motivadas por el mal o el bien. Con ojos como de fuego, Dios mira la vida de cada persona y la juzga de acuerdo a sus acciones. Si una persona cree esto en verdad, seguramente no usará mal el nombre de Dios ni cometerá el pecado de ser imprudente hacía Él.

Una cosa más que debemos recordar es que las personas que verdaderamente aman a Dios no solo deben tener cuidado cuando utilizan el nombre de Dios, sino también cuando están tratando con todas las cosas que se relacionan con Él. Las personas que realmente aman a Dios también tratan el edificio y la propiedad de la iglesia con mucho más cuidado de sus propias cosas, y son muy cuidadosos cuando tratan con dinero que pertenece a la iglesia, sin importar cuán pequeña sea la cantidad.

Si accidentalmente usted rompe una taza o un espejo o una ventana de la iglesia, ¿pretenderá que nunca sucedió y se olvidará de ello? Sin importar cuán pequeñas sean las cosas, éstas son especialmente separadas para Dios y Su ministerio jamás debería ser descuidado o maltratado.

Además debemos ser muy cuidadosos de no juzgar o restar importancia a un hombre o mujer de Dios, o un evento guiado por el Espíritu Santo, ya que estos están relacionados directamente con Dios.

A pesar de que Saúl hizo muchas cosas malas en contra de David y era una gran amenaza para él, David le perdonó la vida a Saúl hasta el final, por la única razón de que Saúl fue una vez un rey ungido por Dios. De igual manera, una persona que ama y respeta a Dios tendrá mucho cuidado cuando trate con asuntos relacionados a Dios.

En tercer lugar, hacer mal uso del nombre de Dios es mentir en Su nombre.

Si usted examina el Antiguo Testamento, podrá encontrar que había falsos profetas en la historia de Israel. Estos falsos profetas confundían a las personas al darles información que según ellos provenía de Dios, pero que en realidad no lo era.

En Deuteronomio 18:20, Dios advierte de manera severa acerca de este tipo de personas. Dice lo siguiente: *"El profeta que tuviere la presunción de hablar palabra en mi nombre, a quien yo no le haya mandado hablar, o que hablare en nombre de dioses ajenos, el tal profeta morirá".* Si alguien miente utilizando el nombre de Dios, el castigo de sus acciones es la muerte.

Además, Apocalipsis 21:8 nos dice: *"Pero los cobardes e incrédulos, los abominables y homicidas, los fornicarios y hechiceros, los idólatras y todos los mentirosos tendrán su parte en el lago que arde con fuego y azufre, que es la muerte segunda".*

Si hay una segunda muerte, significa que existe una primera muerte. Esto se refiere a personas que mueren en este mundo sin conocer a Dios. Estas personas irán al Sepulcro Bajo, donde recibirán el castigo doloroso por sus pecados. Por otra parte, aquellas personas que son salvas serán como reyes durante mil años durante el reino del milenio sobre la Tierra, luego de encontrarse con el Señor Jesucristo en el aire en Su segunda venida.

Luego del reino del milenio vendrá el Gran Juicio del Trono Blanco, donde todas las personas serán juzgadas y recibirán ya sea castigo o recompensa, de acuerdo a sus acciones. En ese momento, aquellas almas que no sean salvas, también resucitarán para enfrentar el juicio y, cada persona, de acuerdo a la gravedad de sus pecados, entrará al lago de fuego o al azufre ardiente. A esto se lo conoce como la segunda muerte.

La Biblia dice que todos los mentirosos experimentarán la segunda muerte. En este caso, los 'mentirosos' se refiere a todos aquellos que mienten utilizando el nombre de Dios. Esto no está simplemente limitado a los falsos profetas, sino también a aquellas personas que hacen un juramento por el nombre de Dios y lo quebrantan, ya que esto es igual que mentir en Su nombre y, de esta manera, se constituye en utilizar mal el nombre de Dios. En Levítico 19:12 Dios dice: *"Y no juraréis falsamente por mi nombre, profanando así el nombre de tu Dios. Yo Jehová".*

Sin embargo, existen creyentes que a veces mienten utilizando el nombre de Dios. Por ejemplo, puede ser que digan: "Mientras estaba orando, escuché la voz del Espíritu Santo. Creo que fue obra de Dios", aunque Dios no tuvo nada que ver con ello. O quizás vean que algo sucede y aunque no sea algo seguro, ellos dicen: "Dios permitió que esto sucediera". Está bien si realmente es la obra de Dios, pero se convierte en un problema cuando no es la obra del Espíritu Santo y simplemente dicen que sí lo es.

Por supuesto, como hijos de Dios, siempre debemos escuchar la voz del Espíritu Santo y recibir Su guía. Sin embargo, es importante saber que por el simple hecho de ser un hijo de Dios salvo, no significa que siempre se puede escuchar la voz del Espíritu Santo. De acuerdo a cuánto una persona está dispuesta a vaciar su ser del pecado y llegar a ser llena con la verdad, podrá escuchar la voz del Espíritu Santo de manera más clara. Por lo tanto, si una persona no vive en la verdad y se compromete con el mundo, no podrá escuchar claramente la voz del Espíritu Santo.

Si alguien está lleno de falsedad y sin una pizca de discreción y hace que los pensamientos producidos de su mente carnal sean obra del Espíritu Santo, no solo está mintiendo delante de las demás personas, sino que también lo está haciendo delante de Dios. Incluso si en realidad ha escuchado la voz del Espíritu Santo, hasta que esta persona escuche Su voz con toda certeza, debería esforzarse por ser discreto. Por consiguiente, debemos refrenarnos de llamar algo de manera imprudente como la obra del Espíritu Santo y además escuchar los reclamos con mucho cuidado.

La misma regla se aplica a los sueños, las visiones y a otras experiencias espirituales. Algunos sueños son dados por Dios, pero otros pueden ocurrir como resultado del fuerte deseo de un individuo o debido a la preocupación, y algunos sueños quizás sean la obra de Satanás, por lo tanto no debemos reaccionar impulsivamente y decir: "Este sueño me fue dado por Dios", debido a que esto sería algo inapropiado delante de Él.

Hay momentos cuando las personas se quejan en contra de Dios debido a las tribulaciones o persecuciones que son causadas en realidad por Satanás como resultado de sus propios pecados. Y existen momentos cuando las personas, de manera irresponsable, colocan el nombre de Dios sobre las cosas solamente por hábito. Cuando las cosas marchan según su manera, ellos dicen: "Dios me ha bendecido". Cuando la tribulación viene a sus vidas, ellos dicen: "Oh Dios, cierra la puerta en este asunto". Puede ser que algunos hagan una confesión de fe, pero es importante reconocer que existe una gran diferencia entre una confesión que proviene de un corazón verdadero y una confesión que proviene de un corazón frívolo y jactancioso.

Proverbios 3:6 dice: *"Reconócelo en todos tus caminos, y él enderezará tus veredas"*. Pero esto no significa que siempre debemos etiquetar todo con el santo nombre de Dios. Al contrario, alguien que reconoce a Dios en todos sus caminos intentará vivir en la verdad todo el tiempo, y de esta manera, será más precavido con respecto al uso del nombre de Dios. Y cuando tiene que usarlo, lo hará con un corazón fiel y discreto.

Por consiguiente, si no queremos cometer el pecado de utilizar mal el nombre de Dios, debemos esforzarnos por meditar en Su Palabra día y noche, y velar en oración y ser llenos del Espíritu Santo. Solo cuando hacemos esto podemos escuchar claramente la voz del Espíritu Santo y actuar con justicia, de acuerdo a Su guía.

Venérelo siempre, y sea considerado una persona noble

Dios es exacto y meticuloso. Por lo tanto, cada palabra que Él utiliza en la Biblia es correcta y apropiada. Cuando nos fijamos en cómo Él presenta a los creyentes, puede observar que Dios solo utiliza las palabras correctas para cada situación. Por ejemplo, cuando llama a alguien "hermano" y llama a alguien "amado", conlleva en sí un tono y significado totalmente diferente. A veces Dios se dirige al hombre como "padres" o "jóvenes" o "niños", etc., usando las palabras apropiadas que llevan sólo la definición correcta, dependiendo de la medida de fe del destinatario (1 Corintios 1:10; 1 Juan 2:12-13, 3:21-22).

Lo mismo se aplica a los nombres de la Santa Trinidad. Vemos una variedad de nombres que son utilizados para la Trinidad: "Jehová Dios, Jehová, Dios el Padre, el Mesías, Señor Jesús, Jesucristo, Cordero, Espíritu del Señor, Espíritu de Dios, Santo Espíritu, Espíritu de santidad, Espíritu Santo, Espíritu (Génesis 2:4; 1 Crónicas 28:12; Salmos 104:30; Juan 1:41; Romanos 1:4).

Especialmente en el Nuevo Testamento, antes de que Jesucristo tomara la cruz, es llamado: "Jesús, Maestro, Hijo del Hombre", pero luego de morir y resucitar, fue llamado: "Jesucristo, Señor Jesucristo, Jesucristo de Nazaret" (1 Timoteo 6:14; Hechos 3:6).

Antes de que Él fuera crucificado, todavía no había completado Su misión como el Salvador, por lo tanto era llamado "Jesús"; que significa: "... porque él salvará a su pueblo de sus pecados" (Mateo 1:21). Pero luego de completar Su misión, fue llamado "Cristo", que lleva en sí el significado de "Salvador".

Dios, quien es perfecto, también quiere que nosotros seamos correctos y perfectos con nuestras palabras y también con nuestras acciones. Por consiguiente, cada vez que mencionamos el Santo nombre de Dios, debemos expresarlo de la manera más correcta. Es por ello que Dios dice en la última parte de 1 Samuel 2:30: *"...porque yo honraré a los que me honran, y los que me desprecian serán tenidos en poco"*.

Así que, si realmente consideramos a Dios con gran respeto desde el fondo de nuestros corazones, nunca vamos a cometer el error de abusar de su nombre, y siempre tendremos temor de Dios en todo momento. Ruego que usted siempre pueda estar alerta en oración y vigilante en su corazón, para que la vida que lleva pueda darle a Dios la gloria.

Capítulo 5
El cuarto mandamiento

"Acuérdate del día de reposo para santificarlo"

Éxodo 20:8-11

"Acuérdate del día de reposo para santificarlo. Seis días trabajarás, y harás toda tu obra; mas el séptimo día es reposo para Jehová tu Dios; no hagas en él obra alguna, tú, ni tu hijo, ni tu hija, ni tu siervo, ni tu criada, ni tu bestia, ni tu extranjero que está dentro de tus puertas. Porque en seis días hizo Jehová los cielos y la tierra, el mar, y todas las cosas que en ellos hay, y reposó en el séptimo día; por tanto, Jehová bendijo el día de reposo y lo santificó".

Si usted acepta a Cristo y se convierte en hijo de Dios, lo que debe hacer en primer lugar es adorar a Dios cada domingo y dar los diezmos completos. Cuando usted entrega sus diezmos completos y sus ofrendas, muestra su fe en la autoridad de Dios sobre todas las cosas materiales y físicas, y cuando guarda el Día del Señor como un día santo, muestra su fe en la autoridad de Dios sobre todas las cosas espirituales (vea Ezequiel 20:11-12).

Cuando usted actúa con fe, reconociendo la autoridad física y espiritual de Dios, recibirá la protección de Dios frente a los desastres, las tentaciones y la angustia. Analizaremos con mayor detalle en el capítulo 8 el tema de los diezmos, por lo tanto en este capítulo nos enfocaremos especialmente en lo referente a guardar el Día del Señor como un día santo.

¿Por qué el domingo se ha convertido en el Día del Señor?

El día de descanso dedicado a Dios se lo conoce como el "día de reposo". Este se originó a partir de que Dios, el Creador, formó el universo y el hombre en seis días; luego descansó, en el séptimo día (Génesis 2:1-3). Dios bendijo este día y lo santificó haciendo que también el hombre pudiera descansar.

En los tiempos del Antiguo Testamento, el día de reposo era en realidad el día sábado. Incluso en la actualidad, los judíos guardan el día sábado como el día de reposo. Pero al adentrarnos en el tiempo del Nuevo Testamento, el día domingo se convirtió en el día de reposo y comenzamos a llamarlo el 'Día del Señor'. Juan 1:17 dice: *"Pues la ley por medio de Moisés fue dada, pero la gracia y la verdad vinieron por medio de Jesucristo"*. En Mateo 12:8 (DHH), Jesús dijo: *"Pues bien, el Hijo del hombre tiene autoridad sobre el sábado"*. Y esto es exactamente lo que pasó.

Entonces, ¿por qué el día de reposo cambió de sábado a domingo? Fue porque el día en el que toda la humanidad puede en realidad descansar a través de Jesucristo es el día domingo.

Debido a la desobediencia del primer hombre, Adán, toda la humanidad llegó a ser esclava del pecado y no tuvo un verdadero día de reposo. El hombre solo podía comer con el sudor de su frente y tenía que sufrir y experimentar lágrimas de sufrimiento, enfermedad y muerte. Es por ello que Jesús vino a este mundo en forma humana y fue crucificado con el fin de pagar por todos los pecados de la humanidad. Murió y resucitó al tercer día, venciendo a la muerte y convirtiéndose en el primer fruto de la resurrección.

Por consiguiente, Jesús solucionó el problema del pecado y dio el día de reposo verdadero a toda la humanidad, al amanecer del domingo, el primer día después del sábado. Por esta razón, en el tiempo del Nuevo Testamento, el domingo, día en que Jesucristo consumó el camino de salvación para toda la humanidad, se convirtió en el día de reposo.

Jesucristo, el Señor del día de reposo

Los discípulos del Señor también designaron el día domingo como el día de reposo, entendiendo el significado espiritual de este día. En Hechos 20:7 leemos: *"El primer día de la semana, reunidos los discípulos para partir el pan..."*, y 1 Corintios 16:2 dice: *"Cada primer día de la semana cada uno de vosotros ponga aparte algo, según haya prosperado, guardándolo, para que cuando yo llegue no se recojan entonces ofrendas".*

Dios sabía que este cambio del día de reposo iba a suceder; por lo tanto, Él se refirió a esto en el Antiguo Testamento cuando le dijo a Moisés: *"Habla a los hijos de Israel y diles: Cuando hayáis entrado en la tierra que yo os doy, y seguéis su mies, traeréis al sacerdote una gavilla por primicia de los primeros frutos de vuestra siega. Y el sacerdote mecerá la gavilla delante de Jehová, para que seáis aceptos; el día siguiente del día de reposo la mecerá. Y el día que ofrezcáis la gavilla, ofreceréis un cordero de un año, sin defecto, en holocausto a Jehová"* (Levítico 23:10-12).

Dios le estaba diciendo a los israelitas que una vez que entraran a la tierra de Canaán, ellos sacrificarían su primera cosecha de grano en el día después del día de reposo. La primera cosecha simboliza a nuestro Señor quien se convirtió en el primer fruto de la resurrección, y el cordero de un año, sin defecto, también simboliza a Jesucristo, el Cordero de Dios.

Estos versos muestran que el domingo, el día después del día de reposo, Jesús, quien se convirtió en la ofrenda de paz y el primer fruto de la resurrección, daría resurrección y el verdadero día de reposo a todos aquellos que creyeran en Él.

Por esta razón, el domingo, el día que Jesucristo resucitó, se convirtió en el día de verdadero gozo y acción de gracias, un día en el cual se concibió nueva vida y se abrió el camino a la vida eterna, y el día en que por fin el verdadero día de reposo podría tener lugar.

"Acuérdate del día de reposo para santificarlo"

Por lo tanto, ¿por qué Dios hizo el día de reposo santo y por qué razón le dice a Su pueblo que lo santifique?

Esto es porque, a pesar de que pueden estar viviendo en un mundo impulsado por la carne, Dios quería que recordaran las cosas del mundo espiritual. Quería asegurarse de que nuestra esperanza no sea solo por las cosas perecederas de este mundo. Él quería que recordemos al Maestro y Creador del universo y que tuviéramos esperanza en el verdadero y eterno día de reposo de Su reino.

Éxodo 20:9-10 dice: *"Seis días trabajarás, y harás toda tu obra; mas el séptimo día es reposo para Jehová tu Dios; no hagas en él obra alguna, tú, ni tu hijo, ni tu hija, ni tu siervo, ni tu criada, ni tu bestia, ni tu extranjero que está dentro de tus puertas".* Esto significa que nadie puede trabajar en el día de reposo. Esto lo incluye a usted, a las personas que le sirven, sus animales y cualquier visita que haya en su hogar.

Es por esta razón que los judío ortodoxos no tienen permiso para preparar comida, mover objetos pesados ni viajar largas distancias en el día de reposo, lo que se debe a que todas estas actividades están consideradas como trabajo, por lo tanto no están en conformidad con las reglas del día de reposo. Sin embargo, estas restricciones fueron hechas por las personas y fueron transmitidas por los ancianos a las siguientes generaciones; por consiguiente, no son reglas de Dios.

Cuando los judíos estaban buscando la manera de acusar a Jesús, por ejemplo, vieron a un hombre con una mano seca y le preguntaron a Jesús: "¿Es lícito sanar en el día de reposo?" Ellos incluso consideraban que sanar a una persona enferma en el día de reposo era un 'trabajo' y, por ende, algo que iba contra la ley.

A esto, Jesús les dijo: *"¿Qué hombre habrá de vosotros, que tenga una oveja, y si ésta cayere en un hoyo en día de reposo, no le eche mano, y la levante? Pues ¿cuánto más vale un hombre que una oveja? Por consiguiente, es lícito hacer el bien en los días de reposo"* (Mateo 12:11-12).

Guardar el día de reposo del cual Dios está hablando no es simplemente abstenerse de cualquier tipo de trabajo. Cuando los no creyentes descansan del trabajo y permanecen en sus hogares, o salen para disfrutar de actividades recreativas, esto es un descanso físico del trabajo. Esto no es considerado un 'día de reposo', ya que esto no nos da verdadera vida. Debemos primeramente comprender el significado espiritual del 'día de reposo' para que de esta manera podamos guardarlo como santo y ser bendecidos en la manera que Dios había previsto.

Lo que Dios quiere que hagamos en ese día no es que tomemos un descanso físico, sino un descanso espiritual. Isaías 58:13-14 explica que en el día de reposo las personas deberían abstenerse de hacer lo que les place, ir por su propio camino, decir palabras ociosas o disfrutar los placeres de este mundo. Al contrario, deberían guardar ese día como un día santo.

En el día de reposo, uno no debe enredarse con los eventos del mundo, sino ir a la iglesia que es el cuerpo del Señor, comer del pan de vida que es la Palabra de Dios, tener comunión con el Señor por medio de la oración y la alabanza y tomar un descanso espiritual en el Señor. Por medio de la comunión, los creyentes deberían compartir la gracia de Dios entre ellos y ayudar a construir la fe de cada uno. Cuando nos tomamos un descanso espiritual de este modo, Dios permite que nuestra fe madure y hace que nuestra alma prospere.

Entonces, ¿qué, exactamente, se debe hacer para guardar el día de reposo?

Primeramente, debemos anhelar las bendiciones del día de reposo y prepararnos para ser vasos limpios.

El día de reposo es un día apartado como santo por Dios y un día de gozo para recibir bendiciones de parte de Él. En la última parte de Éxodo 20:11, dice: *"... Jehová bendijo el día de reposo y lo santificó"*. Y en Isaías 58:13 nos dice: *"...y lo llamares delicia, santo, glorioso de Jehová; y lo venerares..."*.

Incluso en la actualidad, ya que los israelitas guardan el día de reposo el sábado, se comienzan a preparar para el día de reposo un día antes. Ellos ya tienen toda la comida preparada, y si se encuentran fuera de casa trabajando, se preocupan por ir rápidamente a sus hogares el viernes en la noche.

Nosotros también deberíamos preparar nuestros corazones para el día de reposo, el día domingo. Cada semana, deberíamos estar siempre despiertos en oración antes de que comience el domingo e intentar vivir en la verdad en todo tiempo, para que no levantemos ningún tipo de barreras de pecado entre Dios y nosotros.

Por lo tanto, guardar el día de reposo como un día santo no significa darle al Señor tan solo ese día; significa vivir toda la semana en acuerdo con la Palabra de Dios. Y por lo tanto, si hacemos algo durante la semana que para Dios sea inaceptable, debemos arrepentirnos y prepararnos para el domingo con un corazón limpio.

Y al llegar a la adoración del domingo, tenemos que presentarnos ante Dios con un corazón agradecido. Debemos acercarnos delante de Él con un corazón lleno de gozo e ilusión, como una novia espera a su prometido. Con este tipo de actitud, también podemos prepararnos físicamente al tomar un baño e incluso ir a la peluquería o a un salón de belleza para asegurarnos de presentarnos limpios y elegantes.

Quizás también podamos limpiar nuestros hogares. Para vestir en la iglesia, debemos tener nuestra vestimenta prolija y limpia; escogida con anterioridad. No deberíamos involucrarnos en ningún asunto mundano el sábado por la noche que se extienda hasta el domingo por la madrugada. Debemos abstenernos de actividades que puedan obstaculizar la adoración que ofrecemos a Dios el día domingo. Además, debemos intentar guardar nuestro corazón contra la posibilidad de irritarnos, enojarnos o molestarnos para que podamos adorar a Dios en espíritu y en verdad.

Por lo tanto, con un corazón lleno de amor y de emoción, debemos anticipar al domingo y prepararnos para ser vasos dignos de recibir la gracia de Dios. Esto nos permitirá experimentar un día de reposo espiritual en el Señor.

En segundo lugar, debemos dar todo el domingo a Dios.

Incluso entre los creyentes existen personas que le dan a Dios solo un servicio de adoración el domingo por la mañana y luego no vienen al servicio de la noche. Lo hacen por descanso, por tener actividades recreacionales o por ocuparse de otros negocios. Si nosotros queremos guardar el día de reposo como un día santo, con un corazón temeroso de Dios, debemos guardar todo el día. La razón por la cual no vamos a los servicios de la tarde por hacer otra variedad de actividades, es porque permitimos que nuestros corazones sigan lo que le agrada a la carne y, de esta manera, seguimos las cosas de la carne.

Con este tipo de actitud, es muy fácil que nos distraigamos con otros pensamientos durante el servicio de la mañana. Y aunque hayamos ido a la iglesia, no podremos darle a Dios verdadera adoración. Durante la adoración, nuestra mente puede estar llena con pensamientos tales como: "Iré a casa y descansaré tan pronto como termine este servicio", o "Ah, creo que será divertido ir a visitar a mis amigos después del servicio", o sino "será mejor que me dé prisa para abrir el negocio apenas termine el servicio". Todo tipo de pensamientos entrarán y saldrán de nuestras mentes y de esta manera no podremos enfocarnos en el mensaje, o quizás nos quedemos dormidos y nos cansemos durante la adoración.

Por supuesto, para los nuevos creyentes, debido a que su fe aún no es madura, puede ser que fácilmente se distraigan, o debido a que físicamente están muy cansados, se pueden quedar dormidos. Ya que Dios conoce la medida de fe de cada persona y examina el fondo del corazón de todos, Él será misericordioso con ellos. Pero si alguien que se supone que tiene considerable medida de fe, habitualmente se distrae y se queda dormido durante la adoración, simplemente está siendo irrespetuoso con Dios.

Guardar el día de reposo como un día santo, no significa estar físicamente dentro de la iglesia el día domingo, sino que es guardar el centro de nuestro corazón y nuestra atención enfocada en Dios. Solo cuando adoramos a Dios de manera apropiada todo el día domingo, en espíritu y en verdad, Él con gozo recibirá el agradable aroma de nuestros corazones en adoración.

Para poder guardar el día de reposo como un día santo, es también importante cómo pasamos las horas aparte de la adoración el día domingo. No deberíamos pensar: "Ya que asisto a la adoración, he hecho todo lo que tenía que hacer". Después de la adoración debemos tener comunión con otros creyentes y servir en el reino de Dios limpiando la iglesia, dirigiendo el tránsito en el estacionamiento de la misma o realizando otros trabajos voluntarios en la iglesia.

Y cuando el día haya terminado y vayamos a nuestros hogares para descansar, debemos abstenernos de actividades recreativas con el único fin de complacernos a nosotros mismos.

Al contrario, deberíamos meditar en el mensaje que escuchamos ese día o pasar tiempo hablando y compartiendo con nuestros familiares acerca de la gracia y verdad de Dios. Sería una buena idea mantener el televisor apagado, pero si es que lo prende, hay que tratar de evitar ciertos tipos de programas que podrían desencadenar nuestra lujuria o que nos hagan buscar el placer mundano. En su lugar, recurra a ver programas que son sanos, limpios e incluso mejores, basados en la fe.

Cuando le mostramos a Dios que nos estamos esforzando para complacerlo, incluso en las cosas pequeñas, Él, que examina el centro de nuestros corazones, recibirá nuestra adoración con gozo, nos llenará con la llenura del Espíritu Santo y nos bendecirá para que realmente tengamos un verdadero descanso.

En tercer lugar, no debemos realizar trabajos del mundo.

Nehemías, el gobernador de Israel, bajo el rey Artajerjes, rey de Persia, entendió de la voluntad de Dios no sólo reedificó los muros de la ciudad de Jerusalén, sino que también se aseguró de que la gente guardara el día de reposo.

Es por esta razón que él prohibió que trabajaran o vendieran cosas el día de reposo, e incluso ahuyentó a las personas que dormían afuera de los muros de la ciudad; quienes esperaban para realizar negocios un día después del día de reposo.

En Nehemías 13:17-18, Nehemías advierte al pueblo: *"...¿qué mala cosa es esta que vosotros hacéis, profanando así el día de reposo? ¿No hicieron así vuestros padres, y trajo nuestro Dios todo este mal sobre nosotros y sobre esta ciudad?"* Lo que Nehemías está diciendo es que realizar negocios en el día de reposo quebranta el día y despierta la ira de Dios.

Aquel que quebrante el día de reposo, no reconoce la autoridad de Dios y no cree en Sus promesas; que bendecirá a aquellos que guardan el día de reposo. Es por ello que Dios, quien es justo, no puede protegerlos y las calamidades están destinadas a venir sobre sus vidas.

Dios nos sigue mandando las mismas cosas en la actualidad. Nos dice que trabajemos arduamente durante seis días y que el séptimo día nos tomemos un descanso. Y si recordamos el día de reposo al santificarlo, entonces Dios no sólo nos dará lo suficiente para compensar el beneficio que podría haber hecho por trabajar en el séptimo día, sino que Él nos bendecirá hasta el punto de desbordar nuestros 'graneros'.

Si usted examina Éxodo 16, podrá ver que mientras Dios provee a los israelitas con maná y codornices cada día, en el sexto día hacía descender el doble de la porción que hacía el resto de días, para que de esta manera se prepararan para el día de reposo. Entre los israelitas había algunos que, por cuestiones egoístas, salían a recoger maná en el día de reposo, pero volvían con las manos vacías.

La misma ley espiritual se aplica actualmente a nuestras vidas. Si un hijo de Dios no guarda el día de reposo como un día santo, sino que decide trabajar en dicho día, puede ser que tenga un beneficio a corto plazo; sin embargo, a largo plazo, por estas y otras razones, en realidad experimentará una pérdida.

La verdad del asunto es que, incluso si parece que está haciendo algo de beneficio en el momento, sin la protección de Dios, estará ligado a experimentar algunos problemas que surgen de manera imprevista. Por ejemplo: puede ser que usted esté involucrado en un accidente, se enferme, etc., lo cual termina siendo al final de gran pérdida ante cualquier beneficio que haya obtenido anteriormente.

Por el contrario, si usted tiene presente el día de reposo y lo guarda como un día santo, Dios lo cuidará el resto de la semana y lo guiará a la prosperidad. El Espíritu Santo lo guardará con Sus columnas de fuego, y también lo protegerá de las enfermedades. Lo bendecirá en sus negocios, su lugar de trabajo y en cualquier lugar donde se encuentre.

Es por ello que Dios hizo que este mandamientos sea uno de los Diez Mandamientos. Incluso estableció un castigo muy severo; la lapidación de personas que se encontraban trabajando en el día de reposo, para que Su pueblo recordara y no olvidara la importancia de este día, y que no vaya por el camino de la muerte eterna (Números 15).

Desde el momento que acepté a Cristo en mi vida, me aseguré

de tener siempre presente el día de reposo para guardarlo como un día santo. Antes de plantar nuestra iglesia, yo tenía una librería. Los domingos muchas personas venían a mi negocio para pedir prestado un libro o para devolver otro, y cada vez que esto sucedía, yo decía: "Hoy es el día del Señor, por lo tanto el negocio está cerrado", y no realizaba ningún tipo de negocios ese día. Como resultado de ello, en vez de experimentar pérdidas, Dios derramó abundantes bendiciones en los seis días que trabajábamos, que nunca ni siquiera tuvimos que pensar en trabajar el día domingo.

En qué casos está permitido trabajar o realizar negocios en el día de reposo

Si usted examina la Biblia, existen casos en los que trabajar y realizar negocios en el día de reposo sí estaba permitido. Hay casos en los que el trabajo es necesario para realizar la obra del Señor o para realizar buenas obras, tales como salvar las vidas de las personas.

Mateo 12:5-8 dice: *"¿O no habéis leído en la ley, cómo en el día de reposo los sacerdotes en el templo profanan el día de reposo, y son sin culpa? Pues os digo que uno mayor que el templo está aquí. Y si supieseis qué significa: Misericordia quiero, y no sacrificio, no condenaríais a los inocentes; porque el Hijo del Hombre es Señor del día de reposo".*

Cuando los sacerdotes realizaban sacrificios de animales en holocausto en el día de reposo, esto no se consideraba como trabajo. Por lo tanto, cualquier obra realizada para el Señor en el día del Señor, no es considerado como transgresión del día de reposo, ya que Él es el Señor del día de reposo.

Por ejemplo, si la iglesia quiere proveer al coro y a los maestros de una comida por haber trabajado arduamente en la iglesia durante todo el día, pero la iglesia no dispone de un restaurante o de las instalaciones adecuadas en las cuales atenderlos, entonces es permitido que la iglesia compre comida en otro lugar. Esto se debe a que el Señor del día de reposo es Jesucristo, y en este caso el comprar comida es para realizar la obra del Señor. Por supuesto, lo ideal sería que la comida fuera preparada dentro de la iglesia.

Cuando la librería abre los días domingos dentro de la iglesia, no se considera como profanación del día de reposo porque los artículos que se venden en la librería de la iglesia no se consideran cosas del mundo, sino que son sólo elementos que dan vida a los creyentes en el Señor. Esto incluye Biblias, himnarios, grabaciones de los sermones y otras cosas relacionadas con la iglesia. Además de ello, las máquinas expendedoras de alimentos y las cafeterías dentro de la iglesia también están permitidas porque ayudan a los creyentes en la iglesia en el día de reposo. El beneficio de estas ventas se utiliza para apoyar las misiones y organizaciones de buena voluntad, por lo que son diferentes de las ganancias de las ventas seculares que tienen lugar fuera de la iglesia.

Dios no considera algunos tipos de trabajo en el día de reposo como una violación de ese día, tales como puestos de trabajo en las fuerzas armadas, fuerzas de policía, hospitales, etc. Estos son trabajos en los que se realiza la labor para proteger y salvar vidas y hacer obras de bien. No obstante, si usted está en esta categoría, debería enfocarse en Dios, aunque solo sea en su corazón, el cual debe estar dispuesto a apelar a su superior para que cambie su día de descanso, si es posible, con el fin de guardar el día de reposo.

¿Qué sucede con los creyentes que realizan su ceremonia de bodas el día domingo? Si ellos afirman creer en Dios y realizan su ceremonia de boda en el día de reposo, demuestran que la fe de ellos es aún una fe inmadura. Pero si deciden realizar su boda el domingo y nadie de la iglesia asiste a la misma, puede ser que se sientan ofendidos y que tropiecen en su caminar de la fe. Por lo tanto, en estos casos, los miembros de la iglesia deberían asistir a la ceremonia de la boda luego del servicio de adoración del domingo.

Esto muestra su consideración por dichas personas que se están casando y evitan que sus sentimientos sean heridos y que tropiecen en sus vidas de creyentes. Sin embargo, luego de la ceremonia no es correcto que permanezcan a la recepción, la cual tiene la intención de que las personas disfruten.

Aparte de estos casos, puede haber muchas más preguntas

sobre el día de reposo. No obstante, una vez que usted comience a comprender el corazón de Dios, con facilidad podrá encontrar las respuestas a las preguntas que surjan. Cuando se abstiene de la maldad en su corazón, puede adorar a Dios con todo su corazón. Puede actuar por amor sincero hacia otras almas en vez de juzgarlas con reglas hechas por el hombre y reglamentos como los saduceos y los fariseos. Puede disfrutar del verdadero día de reposo en el Señor sin desacreditar el día del Señor. Entonces, conocerá la voluntad de Dios en toda situación; sabrá qué hacer por medio de la guía del Espíritu Santo y podrá siempre disfrutar de la libertad al vivir en la verdad.

Dios es amor, por lo tanto, si Sus hijos obedecen a Sus mandamientos y hacen lo que a Él le agrada, Dios les dará lo que ellos pidan (1 Juan 3:21-22). No solo derramará sobre nosotros Su gracia, sino que también nos bendecirá para que seamos prósperos y exitosos en todas las áreas de nuestras vidas. A final de nuestras vidas, nos llevará a la mejor morada en el Cielo.

Él ha preparado el Cielo para que nosotros, así como una novia y su prometido comparten el amor y la felicidad juntos, podamos compartir amor y felicidad por la eternidad en el Cielo con nuestro Señor. Este es el verdadero día de reposo que Dios tiene reservado para nosotros. Por ello, ruego que su fe pueda madurar y llegar a ser mayor cada día que pasa, a medida que usted recuerde el día de reposo al guardarlo completamente como un día santo.

Capítulo 6
El quinto mandamiento

"Honra a tu padre y a tu madre"

Éxodo 20:12

"Honra a tu padre y a tu madre, para que tus días se alarguen en la tierra que Jehová tu Dios te da".

En un invierno frío, cuando en las calles de Corea se encontraban refugiados que sufrían por la devastación de la guerra de Corea, había una mujer que estaba a punto de dar a luz a su bebé. Debía recorrer muchos kilómetros antes de llegar a su destino previsto, pero debido a que sus contracciones iban en aumento y con mayor frecuencia, cuidadosamente se metió bajo un puente abandonado. Acostada en el suelo frío, congelada, tuvo que soportar los dolores de parto sola trayendo al mundo un niño pequeño. Luego tapó al bebé que estaba cubierto de sangre con su propia ropa y lo mantuvo en su seno.

Unos pocos minutos después, un soldado norteamericano escuchó llorar al bebé. Siguiendo el sonido de dónde provenía el llanto, llegó debajo del puente y encontró a una mujer muerta congelada, desnuda, que estaba encorvada sobre un bebé que lloraba cubierto en capas de ropa. Al igual que la mujer en esta historia, los padres aman a sus hijos al punto de renunciar fácilmente a sus vidas de manera desinteresada. Entonces, ¿cuánto más grande cree usted que es el amor de Dios por nosotros?

"Honra a tu padre y a tu madre"

"Honra a tu padre y a tu madre", significa obedecer la voluntad de sus padres, y servirles con un respeto sincero y con cortesía. Nuestros padres nos han dado la vida y nos han criado. Si ellos no hubieran existido; nosotros tampoco existiríamos. Así que, incluso si Dios no hubiera hecho de este mandamiento uno de los Diez Mandamientos, la gente de buen corazón honraría a sus padres de todos modos.

Dios nos ha dado este mandamiento: "Honra a tu padre y a tu madre", porque tal como Él menciona en Efesios 6:1; que dice: *"Hijos, obedeced en el Señor a vuestros padres, porque esto es justo",* Dios quiere que nosotros honremos a nuestros padres de acuerdo con la Palabra. Si acontece que usted desobedece la Palabra de Dios para poder agradar a sus padres, en realidad esto no es honrar a los padres.

Si usted está a punto de ir a la iglesia el domingo, por ejemplo, y sus padres le dicen: "Hoy no vayas a la iglesia, tengamos un tiempo en familia"; ¿qué haría usted al respecto? Si obedece a sus padres para complacerlos, en realidad no los está honrando. Esto es quebrantar el día del Señor e ir hacia la tinieblas eternas junto con sus padres.

Incluso si les obedece y les sirve bien en la carne, ya que esto es, espiritualmente, el camino al Infierno eterno, ¿cómo puede decir que usted verdaderamente ama a sus padres? Primeramente debe actuar de acuerdo a la voluntad de Dios, y luego intentar motivar el corazón de sus padres para que de esta manera puedan todos juntos ir al Cielo. Esto es realmente honrarlos.

En 2 Crónicas 15:16 leemos: *"Y aun a Maaca madre del rey Asa, él mismo la depuso de su dignidad, porque había hecho una imagen de Asera; y Asa destruyó la imagen, y la desmenuzó, y la quemó junto al torrente de Cedrón".*

Si la reina de una nación adora a los ídolos, está siendo hostil hacia Dios y caminando hacia la condenación eterna. Y no solo esto, ella está poniendo en peligro a sus súbditos haciéndolos cometer actos de adoración de ídolos y caer en la misma condenación eterna con ella. Es por esto que, aunque Maaca era su madre, Asa no intentó agradarle a ella por medio de su obediencia, sino que al contrario, él la depuso de su cargo como reina madre, para que pudiera arrepentirse de su mal comportamiento delante de Dios y que las personas se despertaran e hicieran lo mismo.

Pero el hecho de que el rey Asa despojó a su madre de su posición de reina, no significó que él dejó de cumplir su deber como hijo. Por mucho que amaba su alma, él continuó respetándola y honrándola a ella como su madre.

Para decir: "Yo verdaderamente honro a mis padres", debemos ayudarles a recibir salvación e ir al Cielo. Si nuestros padres ya son creyentes, debemos ayudarles a entrar a la mejor morada en el Cielo. Al mismo tiempo, debemos intentar servirles y agradarles tanto como podamos dentro de la verdad de Dios mientras vivimos en este mundo.

Dios es el Padre de nuestro espíritu

"Honra a tu padre y a tu madre", en última instancia, significa lo mismo que "obedecer los mandamientos de Dios y honrarlo". Si alguien realmente honra a Dios en lo profundo de su corazón, también honrará a sus padres. Y del mismo modo, si alguien realmente sirve a sus padres, podrá servir a Dios con sinceridad. Pero la verdad del asunto es que, cuando se trata de prioridades, Dios debe estar en primer lugar.

Por ejemplo, en muchas culturas, si un padre le dice a su hijo "ve al este", entonces el hijo obedecerá e irá hacia el este. Pero si en ese momento su abuelo le dice: "No vayas al este, mejor anda al oeste". Entonces es correcto que el hijo le diga a su padre: "El abuelo me dijo que vaya al oeste", entonces iré al oeste.

Si este padre verdaderamente honra a su propio padre, él no se enfadará por el simple hecho de que su hijo obedecerá a su abuelo y no a él. Este acto de obediencia a un anciano, de acuerdo a su nivel generacional, también se puede aplicar a nuestra relación con Dios.

Dios es quien creó y le dio vida a nuestros padres, abuelos y a todos nuestros antepasados. Una persona es creada mediante la unión de un esperma y un óvulo. Pero quien en realidad le da al hombre la semilla de vida, es Dios.

Nuestros cuerpos visibles no son más que tiendas de campaña temporales que utilizamos para el poco tiempo que vivimos aquí en la Tierra. Después de Dios, el verdadero mayordomo de cada uno de nosotros, es el espíritu dentro de nosotros. Sin importar cuán inteligente sea o cuánto conocimiento obtenga la humanidad, nadie puede clonar el espíritu de una persona. Y aunque el ser humano pueda clonar las células del hombre y crear una forma humana, a menos que Dios le dé la forma del espíritu, no podemos llamar a esa forma un ser humano.

Por consiguiente, el verdadero Padre de nuestro espíritu es Dios. Reconociendo este hecho, debemos esforzarnos al máximo para servir y honrar a nuestros padres físicos, sin embargo, debemos amar, servir y honrar a Dios aún más, debido a que Él es el creador y dador de la vida misma.

Por lo tanto, un padre que comprende esto, jamás pensará: "Yo le di la vida a mi hijo, por lo tanto yo puedo hacer lo que quiera con él". Tal como describe Salmos 127:3 que dice: *"He aquí, herencia de Jehová son los hijos; cosa de estima el fruto del vientre",* los padres con fe considerarán a sus hijos como una empresa dada por Dios y un alma sin precio que debe ser alimentada de acuerdo a la voluntad de Dios y no a la suya.

¿Cómo honrar a Dios, el Padre de nuestro espíritu?

Entonces, ¿qué debemos hacer para honrar a Dios, el padre de nuestro espíritu?

Si realmente honra usted a sus padres, debería obedecerles e intentar provocar gozo y consuelo a sus corazones. De igual manera, si realmente quiere honrar a Dios, debe amarlo y obedecer Sus mandamientos.

Tal como describe 1 Juan 5:3, que dice: *"Pues este es el amor a Dios, que guardemos sus mandamientos; y sus mandamientos no son gravosos";* si realmente ama a Dios, entonces obedecer Sus mandamientos debería ser de gozo para usted.

Los mandamientos de Dios están dentro de los sesenta y seis libros de la Biblia. Es decir, existen palabras como: "Amor, perdón, buscar la paz, servicio, oración", etc., donde Dios nos dice que hagamos algo; y luego hay palabras como: "No aborrecer, no condenar, no ser altivos", etc., donde Dios nos dice que no hagamos ciertas cosas. Existen también palabras como: "Despójarse incluso de la mera forma del pecado", etc., donde Dios nos dice que nos despojemos de algunas cosas de nuestras vidas, y palabras como: "Guardar el día de reposo y santificarlo", etc., donde Dios nos pide que sigamos haciendo algo.

Solo cuando actuamos de acuerdo a los mandamientos que están registrados en la Biblia y nos convertimos en grato perfume a Dios como cristianos, podemos decir que verdaderamente estamos honrando a Dios el Padre.

Es fácil ver que las personas que aman y honran a Dios, aman y honran también a sus padres biológicos. Esto se debe a que los mandamientos de Dios ya incluyen que honremos a nuestros padres y amemos a nuestros hermanos.

¿Usted, por casualidad, ama a Dios y hace lo mejor para servirle en la iglesia, pero de una u otra manera descuida a sus padres? ¿Alguna vez ha sido humilde y amable delante de sus hermanos y hermanas en la iglesia, pero a veces llega a ser grosero y ofensivo con su familia en su casa? ¿Se enfrenta a sus padres con palabras y acciones que muestren su frustración diciendo que las palabras de ellos no tienen sentido?

Por supuesto, hay momentos cuando usted y sus padres tienen opiniones distintas debido a la diferencia en edad, educación o cultura. Sin embargo, primeramente debemos respetar y honrar la opinión de nuestros padres. Y aunque estemos en lo correcto, mientras la opinión de ellos no esté en contra de la Biblia, debemos estar dispuestos a ceder nuestras propias opiniones por las de ellos.

Jamás debemos olvidarnos de honrar a nuestros padres al entender que hemos sido capaces de vivir y madurar hasta el momento a causa de su amor y sacrificio por nosotros. Quizás algunas personas sienten que sus padres nunca han hecho nada por ellos, por lo que se les hace difícil honrarlos. No obstante, aunque algunos padres no hayan sido fieles a sus responsabilidades como padres, nosotros debemos recordar que honrar a los padres que nos han dado la vida, es parte básica de la cortesía en el ser humano.

Si ama a Dios, honre a sus padres

Amar a Dios y honrar a los padres van de la mano. 1 Juan 4:20 dice: *"Si alguno dice: Yo amo a Dios, y aborrece a su hermano, es mentiroso. Pues el que no ama a su hermano a quien ha visto, ¿cómo puede amar a Dios a quien no ha visto?"*

Si alguien dice amar a Dios pero no ama a su prójimo y no vive pacíficamente con sus hermanos y hermanas, esta persona está siendo hipócrita y mentirosa. Es por ello que Mateo 15:4-9, vemos a Jesús reprendiendo a los fariseos y escribas. De acuerdo a la tradición de los ancianos, mientras ellos dieran sus ofrendas a Dios, no debían preocuparse por dársela a sus propios padres.

Si alguien dice que no puede darle nada a sus padres porque tiene que darle a Dios, esto no solo quebranta el mandamiento de Dios acerca de honrar a nuestros padres, sino que, al utilizar a Dios como una excusa, es claro que esto proviene de un corazón lleno de maldad; esperando quitarle lo que por derecho le pertenece a sus padres para satisfacer sus propios deseos. Alguien que verdaderamente ama y honra a Dios desde el fondo de su corazón, también amará y honrará a sus padres.

Por ejemplo: si alguien que tiene problemas en amar a sus

padres en el pasado llega a comprender el amor de Dios cada vez más, comenzará a entender de mejor manera el amor de sus padres. Mientras más se acerca a la verdad, expulsa los pecados y vive de acuerdo a la Palabra de Dios, su corazón se llenará más del amor verdadero y como resultado de ello, servirá y amará más a sus padres.

Las bendiciones que recibe al obedecer el quinto mandamiento

Dios entregó Sus promesas de bendición a aquellos que aman a Dios y honran a sus padres. Éxodo 20:12 dice: *"Honra a tu padre y a tu madre, para que tus días se alarguen en la tierra que Jehová tu Dios te da"*.

Este verso no simplemente significa que usted vivirá por muchos años si es que honra a sus padres. Significa que mientras más honre a Dios y a sus padres en Su verdad, Él lo bendecirá respectivamente con prosperidad y protección en todas las áreas de su vida. "Vivir muchos años" significa que Dios lo bendecirá a usted, a su familia, su lugar de trabajo o su negocio de desastres repentinos para que su vida sea larga y próspera.

Una mujer del Antiguo Testamento llamada Rut, recibió este tipo de bendición. Ella era una gentil proveniente de la tierra de Moab. Si uno se enfoca en la situación personal de ella, diríamos que había tenido una vida muy dura. Se casó con un hombre judío que había dejado Israel escapando de la hambruna. Pero poco tiempo después de que se casó, él falleció y la dejó sin tener hijos.

Su suegro ya había muerto y no había ningún hombre que sustente a la familia. La única persona que había quedado en su hogar era su suegra, Noemí, y su cuñada Orfa. Cuando su suegra decidió retornar a Judá, Rut rápidamente decidió seguirla.

Pero Noemí intentó persuadir a su joven nuera para que se fuera e intentara empezar una nueva y feliz vida. Sin embargo, Rut no pudo ser persuadida por su suegra. Ella quiso cuidar de su suegra, quien también era viuda, hasta el final, por lo tanto terminó acompañándola a Judá, una tierra totalmente desconocida para ella. Debido a que ella amaba a su suegra, Rut quiso cumplir con todas sus responsabilidades como nuera, quiso esforzarse al preocuparse por Noemí todo el tiempo que le fuera posible. Para hacer esto, ella incluso estaba dispuesta a renunciar a la posibilidad de encontrar una nueva vida, incluso más feliz para ella.

Rut también llegó a tener fe en el Dios de Israel por medio de su suegra. Podemos ver su impactante confesión en Rut 1:16-17:

> *"Respondió Rut: No me ruegues que te deje, y me aparte de ti; porque a dondequiera que tú fueres, iré yo, y dondequiera que vivieres, viviré. Tu pueblo será*

mi pueblo, y tu Dios mi Dios. Donde tú murieres, moriré yo, y allí seré sepultada; así me haga Jehová, y aun me añada, que solo la muerte hará separación entre nosotras dos".

Cuando Dios escuchó esta confesión, aunque Rut era gentil, Él la bendijo y prosperó su vida. De acuerdo con las costumbres judías donde una mujer podía volver a casarse con uno de los parientes de su difunto marido, Ruth fue capaz de iniciar una nueva vida feliz con un esposo amable y vivir el resto de su vida con su suegra, a quien ella amaba.

Sobre todas las cosas, por medio de su linaje, provino el rey David, y también tuvo el privilegio de compartir la genealogía del Salvador Jesucristo. Tal como Dios prometió, debido a que Rut honró a sus padres con el amor de Dios, pudo recibir abundantes bendiciones en lo físico y en lo espiritual.

Al igual que Rut, debemos amar primeramente a Dios y luego honrar a nuestros padres con el amor de Dios, y así recibir todas las bendiciones prometidas que se incluyen en Su Palabra: "Para que tus días se alarguen en la tierra".

Capítulo 7
El sexto mandamiento

"No matarás"

Éxodo 20:13

"No matarás".

Como pastor, he llegado a interactuar con muchos de los miembros de la iglesia. Aparte de los servicios de adoración normales, me encuentro con ellos cuando vienen a recibir oración, comparten sus testimonios, o buscan apoyo espiritual. Con el fin de ayudarles a crecer y tener una fe más sólida, a menudo les hago esta pregunta: "¿Amas a Dios?"

"¡Sí! ¡Por supuesto que amo a Dios!", es la respuesta que la mayoría de personas confiadamente dan. Pero esto es con frecuencia porque no comprenden el verdadero significado de amar a Dios. Entonces comparto con las personas el verso de 1 Juan 5:3, que dice: *"Pues este es el amor a Dios, que guardemos sus mandamientos..."*, y les explico el significado espiritual de amar a Dios. Luego, cuando les hago la misma pregunta nuevamente, la mayoría de personas responden por segunda vez, con menos confianza.

Es sumamente importante comprender el significado espiritual de las palabras de Dios. Además, este es el mismo caso con los Diez Mandamientos. Por lo tanto, ¿qué significado espiritual lleva en sí el sexto mandamiento?

"No matarás"

Si examinamos Génesis 4, podremos ver el primer homicidio en la historia de la humanidad. Este es el caso en el que el hijo de Adán, Caín, mata a su propio hermano, Abel. ¿Por qué algo como esto llegó a suceder?

Abel hizo un sacrificio a Dios de tal manera que a Él le agradó. Caín hizo un sacrificio a Dios en una manera que él creyó que era la correcta, y en la manera que era más cómoda para él. Cuando Dios no aceptó el sacrificio de Caín, en vez de analizar qué fue lo que había hecho mal, Caín se puso celoso de su hermano; se llenó de odio y resentimiento.

Dios conocía el corazón de Caín, y en varias ocasiones le advirtió. En Génesis 4:1, Dios le dice: *"...a ti será su deseo, y tú te enseñorearás de él (pecado)"*. Pero como está escrito en Génesis 4:8: *"...Y aconteció que estando ellos en el campo, Caín se levantó contra su hermano Abel, y lo mató"*. Caín no fue capaz de controlar la ira en su corazón y terminó cometiendo un pecado irreversible.

De la frase: "estando ellos en el campo", podemos pensar que Caín estaba esperando el momento cuando ellos estuvieran solos. Esto significa que Caín ya había tomado la decisión en su corazón de matar a su hermano, y estaba esperando el momento preciso. El asesinato que él cometió no fue accidental; fue el resultado de su ira incontrolable, la cual fue llevada a la acción en un instante. Esto es lo que hace del asesinato de Caín un pecado tan grave.

Tras el asesinato de Caín, otros numerosos casos de asesinato ocurrieron a lo largo de la historia de la humanidad. Y en la actualidad, debido a que el mundo está lleno de pecado, innumerables asesinatos ocurren día a día. La edad promedio de los delincuentes está bajando, y los tipos de delitos son cada vez más graves. Lo peor es que en la actualidad, los casos de asesinato de padres que matan a sus hijos y de hijos que matan a sus padres ya no son tan impactantes como lo eran anteriormente.

Asesinato físico: Quitarle la vida a otra persona

Legalmente existen dos tipos de asesinatos: está el asesinato en primer grado; cuando una persona mata a otra persona intencionalmente por una razón específica, y luego viene el asesinato en segundo grado; cuando una persona mata a otra persona sin intención alguna. Asesinar por malicia o provecho material o asesinar accidentalmente por conducir un vehículo de manera imprudente, son todos tipos de asesinato, pero el peso del pecado para cada caso varía, dependiendo de la situación. Algunos asesinatos no son considerados pecado, como el derramamiento de sangre en el campo de batalla o matar por legítima defensa.

La Biblia dice que si una persona mata a un ladrón que irrumpe en su hogar en la noche, no es considerado un asesinato, pero si una persona mata a un ladrón que irrumpe a su hogar durante el día, se lo considera como una forma excesiva de defensa personal, y debe enfrentar un castigo. Esto se debe a varios de miles de años atrás, en el tiempo que Dios nos dio Sus leyes, la gente podría fácilmente ahuyentar o atrapar a un ladrón con la ayuda de otra persona.

Dios considera en ese caso de excesiva defensa personal cuando causa el derramamiento de sangre de otra persona como un pecado, porque Dios prohíbe el abandono de los derechos humanos y los abusos de la dignidad de la vida. Esto muestra la justicia de Dios y Su naturaleza amorosa (Éxodo 22:2-3).

Suicidio y aborto

Además de los tipos antes mencionados de asesinatos, existe también el 'suicidio'. El 'suicidio' es claramente considerado un 'asesinato' ante Dios. Dios es quien posee la soberanía sobre las vidas de todas las personas, y el suicidio es el acto de negación de esta soberanía. Es por ello que el suicidio es un gran pecado.

No obstante, las personas cometen este pecado porque no creen en la vida después de la muerte, o simplemente porque no creen en Dios. Así que, además de cometer el pecado de no creer en Dios, también están cometiendo el pecado de asesinato. ¡Tan solo imagine el tipo de condenación que le espera a estas personas!

En la actualidad, con el aumento de usuarios de Internet, son frecuentes los casos en los que las personas son tentadas por los sitios web a suicidarse. En Corea, la primera causa de muerte entre las personas que se encuentran entre los cuarenta años es el cáncer, y la segunda causa es el suicidio. Esto se debe a un serio problema social. Las personas deben comprender el hecho de que no tienen la autoridad para terminar con sus propias vidas, y que el hecho de que hayan terminado su vida aquí en la Tierra, no quiere decir que el problema que dejan atrás se resuelve.

Ahora, ¿qué sucede con el aborto? La verdad del asunto es que la vida de un niño en el vientre está bajo el soberano poder de Dios, por lo tanto, el aborto también recae en la categoría de asesinato.

En la actualidad, en un tiempo en el que el pecado controla la vida de tantas personas, los padres abortan a sus hijos sin siquiera reconocerlo como un pecado. Asesinar a otra persona es en sí mismo un pecado terrible, pero si los padres toman la vida de su propio hijo, ¡cuán grande es el pecado!

El asesinato físico es claramente un pecado, por lo tanto cada país tiene leyes muy estrictas en contra del homicidio. Es además un pecado muy grave delante de Dios, por ello el enemigo diablo puede traer todo tipo de pruebas y tribulaciones a aquellos que cometen homicidio; y no solo les espera un juicio feroz en la vida venidera, es por ello que nadie debería cometer el pecado de asesinato.

Matar espiritualmente afecta el espíritu y el alma

Dios considera el asesinato físico como un pecado terrible, pero también considera que matar espiritualmente; es algo terrible y además un pecado muy grave. Entonces, ¿qué es con exactitud matar espiritualmente?

En primer lugar, matar espiritualmente es cuando una persona hace algo fuera de la verdad de Dios, sean palabras o acciones, y causa que otra persona tropiece en su fe.

Hacer que otro creyente tropiece es dañar su espíritu al hacer que se desvié de la verdad de Dios.

Digamos que un recién convertido se acerca a uno de los líderes de la iglesia para pedir consejería y pregunta: "¿Es correcto que no venga al servicio del domingo para hacerme cargo de un negocio muy importante?" Si este líder le aconseja diciéndole lo siguiente: "Bueno, creo que si se trata de un negocio muy importante, está bien que no venga al servicio de adoración del domingo", entonces este líder está haciendo que esta persona tropiece.

O digamos que alguien encargado de la tesorería de la iglesia pregunta: "¿Puedo pedir prestado dinero de la iglesia para mi uso personal? Lo devolveré en pocos días". Si el líder de la iglesia le responde: "Siempre y cuando devuelvas el dinero pronto, no creo que hay ningún problema", entonces el líder le está enseñando algo que contradice la voluntad de Dios, por consiguiente, está causando daño al espíritu del creyente.

O si un líder de un grupo pequeño dice: "Hoy vivimos en un mundo con demasiadas ocupaciones. ¿Cómo es posible que constantemente nos reunamos?", de esta manera enseña a los creyentes a no tomar en serio las reuniones de la iglesia y enseña algo en contra de la verdad de Dios, por lo tanto, está haciendo que los creyentes tropiecen (Hebreos 10:25). En Mateo 15:14 leemos: "...y si el ciego guiare al ciego, ambos caerán en el hoyo".

Por consiguiente, enseñar a otros creyentes cosas pertenecientes a la falsedad y causar que tropiecen y se alejen de la verdad de Dios, es un tipo de homicidio espiritual. Dar información falsa a los creyentes puede causarles que experimenten tribulaciones sin razón alguna. Es por ello que los líderes de la iglesia que se encuentran en posición de enseñanza a los demás creyentes, deben orar frecuentemente ante Dios y dar la información correcta, o referir sus dudas a otro líder que pueda claramente dar la respuesta adecuada de parte de Dios y dirigir el crecimiento de los creyentes en la dirección correcta.

Además, decir cosas que no se deberían decir, o hablar palabras malignas, pueden caer en la categoría de matar espiritualmente. Decir cosas que condenan o juzgan a los demás, creando sinagogas de Satanás al murmurar, o crear disensión entre las personas, son todos ejemplos de provocación a las personas a odiar y actuar por la maldad.

Lo que es peor aún, es cuando las personas esparcen rumores acerca de los siervos de Dios o de la iglesia. Dichos rumores pueden ocasionar que muchas personas tropiecen, y por consiguiente aquellos que esparcen este tipo de rumores, seguramente enfrentarán condenación delante de Dios.

En algunos casos, vemos a las personas dañar sus propios espíritus debido a la maldad en sus corazones. Un ejemplo de este tipo de personas pueden ser los propios judíos que intentaron matar a Jesús, a pesar de que Él estaba actuando en la verdad; o Judas Iscariote, que traicionó a Jesús al venderlo a los sacerdotes por treinta monedas de plata.

Si alguien tropieza luego de ver las debilidades de otra persona, esta persona también debe saber que posee maldad en su propia vida. Hay momentos en que la gente pone su mirada en un cristiano recién nacido que no se ha despojado de sus malos caminos, y luego dicen: "¿Y él se hace llamar cristiano...? Por causa de esa persona, yo no quiero ir a la iglesia". Este es un caso en el cual ellos mismos están tropezando. Nadie más ha causado que ellos tropiecen, sino al contrario, ellos mismos se están dañando debido a su propia maldad y un corazón que condena.

En algunos casos, puede ser que las personas se alejen de Dios luego de sufrir una desilusión con alguien que ellos creían que era un cristiano sólido, declarando que estas personas actuaron mediante la falsedad. Si ellos simplemente se enfocan en Dios y en el Señor Jesucristo, no tropezarían ni tampoco dejarían el camino de la salvación.

Por ejemplo, existen momentos en los cuales las personas salen como garantes de una persona en la que ellos tienen confianza y respeto, pero por una razón u otra algo sale mal; como resultado, el garante debe enfrentar dificultades. En este caso, muchas personas se decepcionan y se ofenden. Cuando algo como esto llega a ocurrir, necesitan comprender que esa situación lo único que hace es probar que la fe de ellos no era real, y que deben arrepentirse por su desobediencia. Ellos son los que han desobedecido a Dios cuando Él específicamente nos ha dicho que no seamos fiadores de deudas (Proverbios 22:26).

Si usted realmente posee un buen corazón y fe verdadera, el momento que vea la debilidad de otra persona, debe orar por ella con un corazón compasivo, y anhelar que esta persona pueda cambiar.

Además, algunas personas pueden ser una piedra de tropiezo para sí mismos luego de llegar a ofenderse mientras escuchan el mensaje de Dios. Por ejemplo, si el pastor está predicando un sermón acerca de un pecado específico, aunque el pastor jamás haya pensado en estas personas, y mucho menos en mencionar sus nombres, ellos piensan: "¡El pastor está hablando de mí! ¿Cómo puede hacer algo así en frente de todas estas personas?" Entonces toman la decisión de irse de la iglesia.

O cuando el pastor dice que los diezmos le pertenecen a Dios y que Él es quien bendice a quienes diezman, algunas personas se quejan que la iglesia es la que pone mucho énfasis sobre los temas de dinero. Y luego, cuando el pastor testifica acerca del poder de Dios y Sus milagros, algunas personas dicen: "Esto no tiene sentido para mí", y se quejan que los mensajes no concuerdan con su conocimiento y educación. Estos son todos ejemplos de personas que se ofenden por su propia cuenta y crean sus propios bloques de tropiezo en sus corazones.

Jesús dijo en Mateo 11:6: *"Y bienaventurado es el que no halle tropiezo en mí"*, y en Juan 11:10 Él dice: *"Pero el que anda de noche, tropieza, porque no hay luz en él"*. Si alguien posee un buen corazón y el deseo de recibir la verdad, no tropezará ni se apartará de Dios, ya que Su Palabra, que es la luz, estará con él. Si alguien tropieza con un obstáculo o se ofende por alguna razón, esto solo muestra que las tinieblas aún están en esta persona.

Cuando alguien se ofende fácilmente, es una señal de que esta persona es débil en su fe o que en su corazón todavía existen tinieblas. Pero una persona que ofende a los demás es también responsable por sus acciones. Para una persona que da un mensaje a otra persona, a pesar de que lo que dice es la verdad absoluta, se debe tratar de dar el mensaje sabiamente, de manera que se conecte con el nivel de fe del receptor.

Si usted le dice a una persona que recién se ha convertido al cristianismo y ha recibido el Espíritu Santo: "Si quiere ser realmente salvo debe dejar de fumar y beber", o "si comete el pecado de dejar de orar sin cesar, esto se convierte en un muro entre usted y Dios, por lo tanto debe asegurarse de ir todos los días a la iglesia a orar", esto es igual que intentar de darle de comer carne a un bebé que aún debe ser amamantado. Incluso si un nuevo creyente obedece debido a la presión, puede ser que piense: "No puede ser, convertirse en un cristiano es realmente difícil", y puede sentirse agobiado, y tarde o temprano renunciará a su caminar de fe por completo.

Mateo 18:7 dice: *"¡Ay del mundo por los tropiezos! porque es necesario que vengan tropiezos, pero ¡ay de aquel hombre por quien viene el tropiezo!"* Incluso si usted dice algo para beneficio de otra persona, y lo que dice hace que aquella persona se ofenda o se aparte de Dios, es considerado como matar espiritualmente, y sin duda alguna se enfrentarán a algunas pruebas para pagar el precio de este pecado.

Por lo tanto, si ama a Dios y ama a los demás, debe practicar el dominio propio con cada palabra que diga, para que lo que diga traiga gracia y bendiciones a cada persona que escuche. Incluso si enseña algo en la verdad, debe intentar ser sensible y ver si lo que ha dicho le hace sentir abrumado y con sentido de culpa en su corazón, o si le da esperanza y fortaleza para ponerlo en práctica en su vida, para que todo aquel a quien ministre pueda ir por el glorioso camino de la vida en Jesucristo.

Matar espiritualmente al odiar a otro hermano

El segundo tipo de asesinato espiritual, es odiar a un hermano o hermana en Cristo.

En 1 Juan 3:15, leemos lo siguiente: *"Todo aquel que aborrece a su hermano es homicida; y sabéis que ningún homicida tiene vida eterna permanente en él".*
Esto se debe a que básicamente la raíz del homicidio es el odio. En primer lugar, alguien comienza a odiar a otra persona en su corazón. Pero cuando ese odio crece, puede causar que lleve a cabo un acto de maldad en contra de esa otra persona, y al final, ese odio puede incluso causar que cometa un asesinato. Esto también sucedió en el caso de Caín; todo surgió cuando él comenzó a odiar a Abel.

Es por ello que Mateo 5:21-22 dice: *"Oísteis que fue dicho a los antiguos: No matarás; y cualquiera que matare será culpable de juicio. Pero yo os digo que cualquiera que se enoje contra su hermano, será culpable de juicio; y cualquiera que diga: Necio, a su hermano, será culpable ante el concilio; y cualquiera que le diga: Fatuo, quedará expuesto al infierno de fuego".*
Cuando una persona odia a otra en su corazón, su odio puede causar que pelee con esa persona. Y si algo bueno le sucede a esa persona que él odia, se pone celoso y crítico, condenándolo y difamando palabras acerca de sus debilidades. Él puede engañarlo

y hacerle daño, o convertirse en su enemigo. Odiar y actuar con maldad con una persona es ejemplo de matar espiritualmente.

En el tiempo del Antiguo Testamento, debido a que Dios aún no había enviado al Espíritu Santo, no era nada fácil para las personas que circunciden sus corazones y se santifiquen. Pero en la actualidad, en el tiempo del Nuevo Testamento, debido a que podemos recibir el Espíritu Santo en nuestros corazones, Él nos da el poder para despojarnos aun de la naturaleza pecaminosa que se encuentra en lo más profundo de nuestros corazones.

Siendo uno de Dios la Trinidad, el Espíritu Santo en como una madre muy enfocada en enseñarnos acerca del corazón de Dios el Padre. El Espíritu Santo nos enseña acerca del pecado, la justicia y el juicio, por consiguiente nos ayuda a vivir en la verdad. Es por ello que podemos despojarnos incluso de la mera imagen del pecado.

Por eso Dios no sólo le dice a Sus hijos que nunca deben cometer homicidio físico, sino que también nos dice que debemos echar fuera incluso la raíz del odio de nuestros corazones. Solo cuando podamos despojarnos de la maldad de nuestros corazones y los llenemos con amor, podremos habitar en el amor de Dios y disfrutar de la evidencia de Su amor (1 Juan 4:11-12).

Cuando amamos a alguien no ponemos nuestra mirada en sus falencias. Sin embargo, si esa persona llega a poseer una debilidad, sentiremos una cierta simpatía hacia ella, y con anhelo en nuestro corazón, la animaremos para darle el poder para cambiar. Cuando nosotros aún éramos pecadores; Dios nos dio ese tipo de amor para que pudiéramos recibir salvación para poder ir al Cielo.

Por lo tanto, no solo deberíamos obedecer Su mandamiento, "No matarás", sino que además debemos amar a todas las personas; incluso nuestros enemigos, con el amor de Cristo, y todo el tiempo poder recibir las bendiciones de Dios. Y al final podremos ingresar al lugar más hermoso en el Cielo y morar en el amor de Dios por la eternidad.

Capítulo 8
El séptimo mandamiento

"No cometerás adulterio"

Éxodo 20:14

"No cometerás adulterio".

El Monte Vesubio, situado en el sur de Italia, era un volcán activo que sólo emitía vapor de vez en cuando, no obstante, la gente pensaba que sólo era parte del hermoso paisaje de Pompeya.

El 24 de agosto del año 79 d. C., alrededor del mediodía, los temblores de la tierra fueron en aumento; una nube en forma de hongo salió del Monte Vesubio y cubrió el cielo sobre la ciudad de Pompeya. Con una gran explosión, la parte superior del monte se partió y se abrió despidiendo rocas derretidas y cenizas que cayeron a la tierra.

Luego de pocos minutos, innumerables personas murieron, mientras que los sobrevivientes corrieron hacia el océano intentando salvar sus vidas. Y entonces sucedió lo que nadie se esperaba; el viento sopló fuertemente hacia el océano.

Una vez más, el incesante calor y los gases tóxicos envolvieron a los ciudadanos de Pompeya quienes habían sobrevivido a la erupción al huir hacia el mar, y asfixió a todas las personas.

Pompeya era una ciudad rebelde, llena de lascivia e ídolos. Su último día nos recuerda las ciudades de Sodoma y Gomorra de la Biblia, que experimentaron el juicio de Dios con fuego. El destino de estas ciudades es un claro recordatorio de lo mucho que Dios detesta los corazones lujuriosos y la adoración de ídolos. Esto se expresa claramente en los Diez Mandamientos.

"No cometerás adulterio"

El adulterio es la interacción sexual entre un hombre y una mujer que no estén casados entre sí. Hace mucho tiempo atrás, el adulterio era considerado un acto inmoral muy grave. ¿Pero cómo es en la actualidad? Debido al desarrollo de las computadoras y la Internet, los adultos, e incluso los niños, tienen acceso a materiales lujuriosos justo a su alcance.

La ética acerca del sexo en la sociedad actual se ha estropeado, al punto que las imágenes sensuales y obscenas se muestran en televisión, películas e incluso dibujos animados para niños. La atrevida exposición del cuerpo se está esparciendo rápidamente en las tendencias de la moda. Como resultado, el mal entendimiento acerca del sexo se esparce rápidamente.

Para llegar a la verdad de este asunto, vamos a estudiar el significado del séptimo mandamiento: "No cometerás adulterio", en tres partes.

Adulterio en acciones

El sentido de las personas acerca de los valores morales actuales, se encuentra peor que nunca antes. Tanto es así, que en las películas y telenovelas el adulterio es muy a menudo representado como un tipo de amor hermoso. En la actualidad, los hombres y mujeres que no se encuentran casados fácilmente entregan sus cuerpos el uno al otro e incluso tienen sexo pre marital pensando: "Está bien, porque en el futuro vamos a casarnos". Incluso los hombres y mujeres casadas profesan abiertamente tener relaciones sexuales con otras personas que no son sus esposas o esposos. Y para empeorar las cosas, la edad en que las personas están experimentando relaciones sexuales es cada vez menor.

Si usted examina las leyes que existían cuando los Diez Mandamientos fueron dados a Moisés, las personas que cometían el pecado de adulterio eran severamente castigadas. A pesar de que Dios es amor, el adulterio es un pecado muy serio e inaceptable, razón por la cual Él dibuja claramente el límite, y lo prohíbe.

En Levítico 20:10 leemos: *"Si un hombre cometiere adulterio con la mujer de su prójimo, el adúltero y la adúltera indefectiblemente serán muertos".* Y en el tiempo del Nuevo Testamento, el acto del adulterio es considerado un pecado que destruye el cuerpo y el alma, y niega del privilegio de la salvación al adúltero.

"¿No sabéis que los injustos no heredarán el reino de Dios? No erréis; ni los fornicarios, ni los idólatras, ni los adúlteros, ni los afeminados, ni los que se echan con varones, ni los ladrones, ni los avaros, ni los borrachos, ni los maldicientes, ni los estafadores, heredarán el reino de Dios" (1 Corintios 6:9-10).

Si un nuevo creyente comete este pecado debido a que ignora la verdad, puede ser que reciba la gracia de Dios y obtenga una oportunidad para arrepentirse de su pecado. Pero si alguien que se supone que es un creyente espiritualmente maduro, consciente de la verdad de Dios, continúa cometiendo este tipo de pecado, es mucho más difícil para él recibir el espíritu de arrepentimiento.

Levítico 20:13-16 nos habla acerca del pecado de tener relaciones sexuales con animales y del pecado de las relaciones homosexuales. En la actualidad existen países que legalmente aceptan las relaciones homosexuales, no obstante, esto es una abominación delante de Dios. Quizás algunas personas respondan: "Los tiempos han cambiado…", pero no importa cuánto las cosas hayan cambiado con el tiempo, y tampoco importa cuánto haya cambiado el mundo, las palabras de Dios, las cuales son la verdad, nunca cambian. Por consiguiente, si alguien es un hijo de Dios, no debe contaminarse al seguir las tendencias de este mundo.

Adulterar en la mente

Cuando Dios habla acerca del adulterio, Él no simplemente está hablando del acto de cometer adulterio. El acto externo de cometer adulterio es un claro caso de adulterio, pero tener placer al imaginarse o ver actos inmorales también entra en la categoría del adulterio.

Los pensamiento lujuriosos causan que una persona posea un corazón lujurioso; este es el caso del acto de adulterio en el corazón. Aunque alguien no haya hecho nada con acciones físicas, si por ejemplo, un hombre ve a una mujer y comete adulterio en su corazón, Dios, que examina el fondo del corazón de las personas, considera ese acto como adulterio de manera física.

En Mateo 5:27-28 dice: *"Oísteis que fue dicho: No cometerás adulterio. Pero yo os digo que cualquiera que mira a una mujer para codiciarla, ya adulteró con ella en su corazón".* Luego de que un pensamiento de pecado ingresa a la mente de una persona, se dirige a su corazón y luego se manifiesta en acciones. Solo después de que el odio ingresa al corazón de una persona, esta comienza a hacer cosas que lastiman a los demás, y solo después de que la ira se acumula en el corazón de esa persona, es cuando se enoja y maldice.

De igual manera, cuando una persona tiene deseos lujuriosos en su corazón, estos pueden fácilmente progresar y convertirse en adulterio físico. Aunque no sea evidente, si alguien comete adulterio en su corazón, ya ha cometido adulterio, ya que la raíz de ese pecado es la misma.

Un día, durante mi primer año de seminario bíblico, estaba completamente impactado luego de escuchar a un grupo de pastores. Hasta ese momento yo siempre había amado y respetado a estos pastores y los trataba como lo haría el Señor. Pero al final de esa discusión muy acalorada, llegaron a la conclusión de que, 'en la medida que no sea un acto deliberado, cometer adulterio en el corazón no era un pecado'.

Cuando Dios nos dio el mandamiento 'No cometerás adulterio', ¿acaso no nos dio ese mandamiento sabiendo que podríamos cumplir con él? Desde que Jesús dijo: "Que cualquiera que mira a una mujer para codiciarla, ya adulteró con ella en su corazón", simplemente debemos despojarnos de esos deseos lujuriosos. No hay nada más que decir. Y claro, puede ser muy difícil hacerlo con nuestras propias fuerzas, pero si oramos y ayunamos, podemos recibir la fortaleza por parte de Dios para que de manera fácil podamos despojarnos de la lujuria que se encuentra en nuestro corazón.

Jesús llevó la corona de espinas y derramó Su sangre para limpiar nuestros pecados cometidos con nuestros pensamientos y mente. Dios nos envió al Espíritu Santo para que incluso podamos abstenernos de la naturaleza pecaminosa en nuestros corazones. Entonces, ¿qué podemos hacer concretamente para despojarnos de la lujuria de nuestros corazones?

Las fases para despojarnos de la lujuria de nuestro corazón

Digamos, por ejemplo, que una mujer hermosa o un hombre

apuesto pasa por su lado, y usted piensa: "Increíble, ella es hermosa", o "él es muy apuesto"; "me gustaría salir con ella" o "me gustaría tener una cita con él". No muchas personas considerarían estos pensamientos como lujuriosos o adúlteros. No obstante, si alguien dice estas palabras realmente convencido, entonces es una señal de lujuria. Para que podamos desechar incluso estos indicios de lujuria, debemos atravesar por el proceso de lucha diligente en contra de este pecado.

Normalmente, mientras más intenta no pensar acerca de algo, es cuando más aparece en su mente. Luego de ver la imagen de un hombre y una mujer cometiendo un acto inmoral en alguna película, la imagen no puede salir de su mente. Al contrario, la imagen sigue apareciendo en su mente una y otra vez. Dependiendo de qué tan fuerte haya sido impregnada esa imagen en su corazón, tiende a permanecer más tiempo en su memoria.

Entonces, ¿qué debemos hacer para despojarnos de estos pensamientos lujuriosos de nuestra mente? En primer lugar, debemos esforzarnos por evitar juegos, revistas o cosas por el estilo, que llevan en sí imágenes que nos tientan a poseer pensamientos lujuriosos. Y cuando un pensamiento lujurioso ingresa a nuestra mente, debemos determinar la dirección de nuestros pensamientos. Digamos que un pensamiento lujurioso viene a su mente. En vez de permitirle a este pensamiento que progrese, debe intentar detenerlo inmediatamente.

Entonces, a medida que usted va cambiando ese tipo

de pensamientos malos en pensamientos buenos, veraces y agradables a Dios, y si ora sin parar pidiéndole Su ayuda, definitivamente Él lo fortalecerá para pelear en contra de este tipo de tentaciones. Siempre y cuando usted esté dispuesto a orar con pasión, la gracia y el poder de Dios vendrán sobre su vida y, con la ayuda del Espíritu Santo, podrá desechar esos pensamientos pecaminosos.

Sin embargo, lo más importante que debemos tener presente en este caso, es que no deberíamos detenernos después de intentar por una o dos veces. Sino que deberíamos continuar orando con fe hasta el final. Puede ser que tome un mes, un año o incluso dos o tres años, pero por muy largo que sea, siempre hay que confiar en Dios y orar continuamente. Entonces Dios le dará la fortaleza para que un día pueda vencer y despojarse de la lujuria en su corazón de una vez por todas.

Una vez que usted pase la fase donde puede 'detener los malos pensamientos', entonces entrará a la fase en la cual puede 'controlar su corazón'. En esta fase, aunque usted vea una imagen lujuriosa, si decide en su corazón: "Es mejor que no piense acerca de ello", entonces ese pensamiento no ingresará de nuevo a su mente. El adulterio en el corazón llega a través de una combinación de pensamientos y sentimientos y, si usted puede controlar sus pensamientos, entonces los pecados que surgen por medio de estos pensamientos no tendrán oportunidad para entrar en su corazón.

La siguiente fase es aquella donde los 'pensamientos incorrectos ya no se producen' más. Incluso si usted ve una imagen lujuriosa, su mente no es influenciada por ella y por lo tanto la lujuria no puede ingresar a su corazón. La siguiente fase es aquella en la que "usted no puede tener ni siquiera pensamientos deliberadamente inadecuados".

Una vez que llegue a esta fase, aunque intente tener pensamientos lujurioso, simplemente no suceden. Debido a que ya arrancó ese pecado de raíz, aunque vea una imagen lujuriosa provocativa, no tendrá pensamientos o sentimientos acerca de ella. Esto quiere decir que imágenes pertenecientes a la falsedad o pecaminosas, ya no pueden ingresar a su mente.

Por supuesto, mientras atraviesa las fases para desechar este pecado, puede haber momentos cuando usted crea que ha desechado todo, sin embargo el pecado de alguna manera viene a su vida nuevamente.

No obstante, no se estancará en su camino de la fe si cree en la Palabra de Dios y tiene el deseo de obedecer Sus mandamientos y desechar sus pecados. Es igual que pelar una cebolla. Una vez que pela una o dos capas, puede ser que las capas nunca se acaben, pero luego de algunas capas se da cuenta que ya ha pelado todas las capas de la cebolla.

Los creyentes que se miran a sí mismos con fe, no se decepcionan pensando: "Me he esforzado en gran manera, pero aún no puedo despojarme de esta naturaleza pecaminosa". Por el contrario, deben poseer fe para creer que pueden cambiar al punto de intentar desechar sus pecados y, con eso en mente, deben esforzarse aún más. Si usted se da cuenta que aún sigue teniendo esa naturaleza pecaminosa, debería sentirse agradecido que ahora tiene la oportunidad de despojarse de ella de una vez por todas.

Si de repente al pasar por las fases para desechar la lujuria de su vida, un pensamiento lujurioso entra en su mente durante un segundo, no se angustie, Dios no lo considerará como un acto de adulterio. Si tiene ese pensamiento presente y hace que progrese aún más, entonces se convertirá en un pecado grande, pero si se arrepiente en seguida y continúa en su esfuerzo por santificarse, Dios lo mirará con gracia y le dará el poder para obtener la victoria sobre el pecado.

Cometer adulterio espiritual

Cometer adulterio con el cuerpo se interpreta como cometer adulterio en la carne, pero algo más serio que cometer el pecado de adulterio físico es cometer adulterio espiritual. El 'adulterio espiritual' se da cuando una persona afirma ser creyente y todavía ama al mundo más que a Dios. Si usted piensa acerca de esto, la razón fundamental por la que una persona comete adulterio físico, es porque tiene mayor amor por los placeres carnales que el amor de Dios en su corazón.

En Colosenses 3:5-6 leemos: *"Haced morir, pues, lo terrenal en vosotros: fornicación, impureza, pasiones desordenadas, malos deseos y avaricia, que es idolatría; cosas por las cuales la ira de Dios viene sobre los hijos de desobediencia".* Esto significa que aunque recibamos al Espíritu Santo, experimentemos los milagros de Dios y tengamos fe, si no nos despojamos de la avaricia y los deseos indebidos de nuestros corazones, entonces estamos propensos a amar las cosas del mundo más que a Dios.

En base al segundo mandamiento, aprendimos que la interpretación espiritual de la adoración a ídolos es amar algo más que a Dios. Entonces, ¿cuál es la diferencia entre la 'idolatría espiritual' y el 'adulterio espiritual'?

La adoración a ídolos ocurre cuando las personas que no conocen a Dios crean algún tipo de imagen y la adoran. La interpretación espiritual de 'adoración a ídolos' es cuando los creyentes que poseen una fe débil, aman las cosas de este mundo más que a Dios.

Para algunos nuevos creyentes que aún tienen una fe débil, es posible que amen más al mundo que a Dios mismo. Puede ser que tengan preguntas como: "¿Dios realmente existe?" o ¿En realidad existen el Cielo y el Infierno?" Debido a que aún tienen ciertas dudas, es difícil para ellos vivir de acuerdo a la Palabra de Dios. Puede ser que todavía sientan amor al dinero, la fama o a sus familias más que a Dios, y con ello incurren en la idolatría espiritual.

No obstante, mientras escuchan la Palabra una y otra vez, y mientras oran y experimentan las respuestas de Dios, comienzan a darse cuenta de que la Biblia es verdadera, y así pueden creer que el Cielo y el Infierno realmente existen. Subsecuentemente, llegan a darse cuenta de la razón por la que realmente necesitan amar a Dios en primer lugar. Si la fe de ellos crece de esta manera, y siguen amando y buscando las cosas de este mundo, entonces están cometiendo "adulterio espiritual".

Digamos, por ejemplo, que hay un hombre que tiene un simple pensamiento: "Sería lindo poder casarme con esa mujer", pero esa mujer llega a casarse con otro hombre. En este caso, no podemos decir que esta mujer ha cometido adulterio. Ya que el hombre que tenía los pensamientos injuriosos simplemente estaba enamorado y la mujer no tenía ninguna relación con él, no podemos decir que la mujer cometió adulterio. Para ser más exactos, esta mujer era un ídolo en el corazón de este hombre.

Por el contrario, si un hombre y una mujer salen juntos, confirmando su amor entre sí y luego se casan, pero luego la mujer tiene una relación inmoral con otro hombre, se lo considera adulterio. Por lo tanto, puede ver que la idolatría espiritual y cometer adulterio espiritual son aparentemente iguales, pero en realidad son dos cosas muy diferentes.

Las relaciones entre los israelitas y Dios

La Biblia compara las relaciones entre los israelitas y Dios a las relaciones entre un padre y sus hijos. Esta relación también se puede comparar a la de un esposo y su esposa. Es porque su relación es como la de una pareja que ha realizado un pacto de amor. Sin embargo, si usted examina la historia de Israel, hubo muchos momentos en los que el pueblo de Israel se olvidó de ese pacto y adoraron ídolos extranjeros.

Los gentiles adoraron ídolos debido a que ellos no conocían de Dios, pero los israelitas, a pesar de que conocían muy bien a Dios, adoraron a ídolos de otras naciones por sus deseos egoístas.

Es por ello que 1 Crónicas 5:25 dice: *"Pero se rebelaron contra el Dios de sus padres, y se prostituyeron siguiendo a los dioses de los pueblos de la tierra, a los cuales Jehová había quitado de delante de ellos"*. Esto significa que la adoración a ídolos que realizaban los israelitas, era de hecho, adulterio espiritual.

Además, en Jeremías 3:8 leemos: *"Ella vio que por haber fornicado la rebelde Israel, yo la había despedido y dado carta de repudio; pero no tuvo temor la rebelde Judá su hermana, sino que también fue ella y fornicó"*. Como resultado del pecado de Salomón, durante el reinado de su hijo Roboam, Israel se dividió en Israel del norte e Israel del sur. Poco tiempo después de esta división, Israel del norte cometió adulterio espiritual al adorar a otros ídolos y, como resultado de ello, fueron repudiados y destruidos por la ira de Dios. Entonces, Judá del sur, incluso luego de ver todo lo que le pasó a Israel del norte, en vez de arrepentirse, siguió adorando a sus ídolos.

Todos los hijos de Dios que viven ahora en el tiempo del Nuevo Testamento son la novia de Jesucristo. Es por ello que el apóstol Pablo confesó que cuando se trata de tener un encuentro con el Señor, él se esforzó para preparar a los creyentes para que sean novias puras para Cristo, quien es el esposo (2 Corintios 11:2)

Por consiguiente, si un creyente llama al Señor 'Mi Novio', mientras que él o ella continúa amando las cosas de este mundo y viven apartados de la verdad, entonces están cometiendo adulterio espiritual (Santiago 4:4). Si un esposo o una esposa engaña a su pareja y comete adulterio físico, es un pecado sumamente grave y difícil de perdonar. ¡Cuánto más grave es el pecado si alguien engaña a Dios y al Señor y comete adulterio espiritual!

En Jeremías 11, podemos observar a Dios diciéndole a Jeremías que no orara por Israel, ya que el pueblo había rehusado dejar de cometer adulterio espiritual. Incluso dijo que, aunque el pueblo de Israel clamara a Él, Dios no los escucharía.

Por lo tanto, si la severidad del adulterio espiritual llega a cierto punto, la persona que lo comete no puede escuchar la voz del Espíritu Santo y, sin importar con cuánto fervor ore, sus oraciones no serán respondidas. A medida que uno se aleja más de Dios, se vuelve más mundano, y de esta manera termina cometiendo pecados severos que lo conducen a la muerte; pecados tales como el adulterio. Como está registrado en Hebreos 6 y 10, esto es como crucificar a Jesucristo nuevamente, y así dirigirse al camino de la muerte.

Por consiguiente, despojémonos del pecado de cometer adulterio en el espíritu, en la mente y en el cuerpo y, con una conducta santa, cumplamos con los requisitos para convertirnos en la novia del Señor, impecable e inmaculada, y llevar a cabo una vida bendecida que traiga alegría al corazón del Padre.

Capítulo 9
El octavo mandamiento

—— ⚜ ——

"No hurtarás"

Éxodo 20:15

"No hurtarás".

La obediencia a los Diez Mandamientos afecta directamente a nuestra salvación y nuestra habilidad para vencer, conquistar y gobernar sobre el poder del enemigo diablo y Satanás. Para los israelitas, obedecer o desobedecer los Diez Mandamientos determinaba si ellos eran el pueblo escogido de Dios o no.

De igual manera, para nosotros que nos hemos convertido en hijos de Dios, si es que obedecemos o desobedecemos la Palabra de Dios determina si es que somos salvos o no. Esto es porque nuestra obediencia a los mandamientos de Dios crea una norma para nuestra fe. Por lo tanto, la obediencia a los Diez Mandamientos está ligada a nuestra salvación, y estos mandamientos son también la provisión del Dios de amor y bendiciones para nosotros.

"No hurtarás"

Existe un antiguo dicho coreano que dice: "Un ladrón de agujas se convierte en un ladrón de vacas". Significa que si alguien comete un delito menor y se queda sin castigo y sigue repitiendo estas acciones negativas, pronto terminará cometiendo un delito mucho más grave con mayores consecuencias negativas. Es por ello que Dios nos advierte al decirnos: "No hurtarás".

Este es el relato de un hombre llamado Fu Pu-ch'i, que fue caratulado como "Tsze-Tsien" o "Tzu-chien" y uno de los discípulos de Confucio, y el comandante de Tan-fu en el Estado de Lu, durante el período de Chunqiu (primavera y otoño) en China y el Período de los Estados en Guerra. Había noticias de que los soldados del vecino estado de Qi estaban a punto de atacar, y Fu Pu-ch'i ordenó que los muros del reino estuvieran bien cerrados.

Aconteció que era el momento de la cosecha, y los sembríos en los campos de los agricultores estaban listos para la cosecha. Las personas preguntaron: "Antes de cerrar los muros, ¿podemos cosechar los cultivos en el campo, antes de que lleguen los enemigos?" Haciendo caso omiso de la petición de las personas, Fu Pu-ch'i cerró los muros de la ciudad. Entonces las personas comenzaron a resentirse con Fu Pu-ch'i, alegando que él estaba a favor de los enemigos, y por eso fue llamado y llevado delante del rey para una investigación. Cuando el rey le cuestionó acerca de esta acción, Fu Pu-ch'i respondió: "Sí, será una gran pérdida para nosotros si nuestros enemigos toman todos nuestros cultivos, pero si nuestro pueblo, con premura, entra en el hábito de recoger las cosechas de los campos que no les pertenecen, será difícil despojarlos de este hábito, incluso después de diez años". Con esta declaración, Fu Pu-ch'i se ganó gran respeto y admiración de parte del rey.

Fu Pu-ch'i pudo haber dejado que las personas recolectaran los cultivos tal como ellos pidieron, pero si aprendían de alguna manera a justificar sus acciones de robar los campos de otras personas, entonces las consecuencias a largo plazo podrían haber sido más perjudiciales para las personas y su reino. Por lo tanto, 'robar' significa manipular algo de manera incorrecta con una motivación errónea, o tomar algo que no le pertenece a uno y furtivamente poseer la propiedad de otro.

Pero el 'hurtar' del cual Dios habla, también tiene una interpretación espiritual más profunda y extensa. Por lo tanto, ¿cuál es el significado de la palabra 'hurtarás' en el octavo mandamiento?

Tomar pertenencias de otra persona: definición física de hurtar

La Biblia prohíbe de modo particular el robo y esboza las normas específicas sobre lo que se debe hacer cuando alguien lo hace (Éxodo 22).

Si a un animal que ha sido robado se lo encuentra vivo en posesión del ladrón, este debe devolver al dueño el doble de lo que le hurtó. Si un hombre roba un animal y lo mata o lo vende, deberá devolver al dueño cinco veces la porción de los bueyes y cuatro veces más las ovejas. No importa cuán pequeño sea el objeto, tomar las cosas pertenecientes a los demás es un robo que incluso la sociedad lo etiqueta como un crimen y por el cual existe un determinado castigo.

Fuera de los casos evidentes de robo, hay casos en los que la gente podría robar por ser negligente. Por ejemplo, en nuestro diario vivir, quizás podemos tener el hábito de utilizar las cosas de los demás sin pedirlas prestadas y sin pensarlo mucho. Puede ser que ni siquiera nos sintamos culpables acerca de utilizar las cosas sin permiso, porque a lo mejor somos cercanos a esa persona o el objeto que estamos utilizando no es muy valioso.

Lo mismo sucede cuando utilizamos las cosas de nuestro cónyuge sin su permiso. Incluso en una situación inevitable, si utilizamos algo sin permiso, tan pronto como hayamos terminado de usarlo, debemos regresarlo de inmediato. No obstante, hay muchas veces en que ni siquiera lo devolvemos en absoluto.

Esto no solo causa una pérdida para alguien; es un acto de irrespeto hacia una persona. Aunque no sea considerado un crimen serio de acuerdo con las leyes de la sociedad, ante los ojos de Dios es considerado un hurto. Si alguien tiene la conciencia limpia, y si toma sin permiso algo que no le pertenece, sin importar cuán pequeño o inapreciable sea, se sentirá culpable por ello.

Y aunque no hurtemos o tomemos algo a la fuerza, si adquirimos pertenencias de otra persona de una manera incorrecta, sigue siendo considerado un robo. Utilizar las posesiones o poder de alguien para recibir un soborno, también entra a esta categoría. Éxodo 23:8 (LBLA) nos advierte: *"Y no aceptarás soborno, porque el soborno ciega aun al de vista clara y pervierte las palabras del justo".*

Los vendedores con un buen corazón se sentirán culpables cuando pongan un sobreprecio a sus clientes para obtener más beneficios para sí mismos. A pesar de que ellos no han robado las posesiones de otras personas de manera secreta, este acto aún es considerado un hurto porque tomaron más de lo que era justo.

Hurto espiritual: Tomar lo que le pertenece a Dios

Aparte de 'hurtar', es decir, tomar algo de otra persona sin permiso, existe el 'hurto espiritual' donde se toma lo que le pertenece a Dios sin permiso. Esto incluso puede afectar la salvación de una persona.

Judas Iscariote, uno de los discípulos de Jesús, estaba a cargo de administrar todas las ofrendas que las personas entregaban luego de haber sido sanadas o bendecidas por Jesús. Sin embargo, con el paso del tiempo, la codicia entró a su corazón y comenzó a robar (Juan 12:6).

En Juan 12, cuando Jesús visitó la casa de Simón en Betania, encontramos una escena donde una mujer se acerca y derrama perfume sobre Jesús. Al ver esto, Judas reprendió a la mujer preguntándole por qué el perfume no había sido vendido, y el dinero entregado a los pobres. Si ese perfume costoso era vendido, entonces él, como el encargado de cuidar de la bolsa de las ofrendas, podría haberse quedado con ese dinero, pero debido a que fue vertido sobre los pies de Jesús, él sintió que era un producto muy valioso totalmente desperdiciado.

En última instancia, Judas, quien se convirtió en un esclavo del dinero, vendió a Jesús por treinta monedas de plata. A pesar de que él tuvo la oportunidad de recibir la gloria de ser llamado uno de los discípulos de Jesús, en lugar de eso le robó a Dios y vendió a su maestro, acumulando sus pecados. Desafortunadamente, él no pudo recibir el espíritu de arrepentimiento antes de que se quitara su propia vida y se enfrentara con un final miserable (Hechos 1:18).

Es por ello que debemos examinar más de cerca lo que sucede si alguien le roba a Dios.

El primer caso es si alguien pone su mano en el tesoro de la iglesia

Incluso si el ladrón resulta ser alguien que no es creyente, si él roba de la iglesia, está destinado a sentir algún tipo de miedo en su corazón. Pero si un creyente pone su mano sobre el dinero de Dios, ¿cómo puede decir que él aún tiene fe para recibir la salvación?

Aun si las personas nunca lo llegan a descubrir, Dios puede

ver todas las cosas, y cuando llegue el momento, Él llevará a cabo su juicio justo, y el ladrón tendrá que pagar la penalidad de su pecado. Si el ladrón no está dispuesto a arrepentirse de sus pecados y muere sin recibir salvación, ¡será algo terrible! En ese momento, sin importar lo mucho que se golpee el pecho y se lamente por sus acciones, será demasiado tarde. Desde un principio no tendría que haber tocado el dinero que le pertenece a Dios.

El segundo caso es si alguien abusa de las pertenencias de la iglesia o hace mal uso del dinero de la misma

Aunque una persona no haya robado directamente las ofrendas, si se utiliza el dinero recogido de algunas cuotas de los miembros de los grupos misioneros u otras donaciones para su uso personal, es lo mismo que robarle a Dios. Es también robar si se compra material e implementos de oficina con el dinero de la iglesia, y lo utiliza para sus necesidades personales.

Desperdiciar los suministros de la iglesia, tomar los fondos de la iglesia para adquirir suministros y utilizar el cambio sobrante para otros propósitos en vez de devolverlo a la iglesia, o utilizar el teléfono, la electricidad, los equipos, los muebles u otros suministros para uso personal sin discreción, es también una forma de mal manejo del dinero.

También debemos asegurarnos de que los niños no doblen o

rompan los sobres de las ofrendas, los boletines informativos de la iglesia o el noticiero por diversión o por jugar. Algunos quizás piensen que se trata de ofensas menores e insignificantes, pero en un nivel espiritual es básicamente robarle a Dios, y estas acciones pueden convertirse en barreras de pecado entre usted y Dios.

El tercer caso es robar los diezmos y las ofrendas

En Malaquías 3:8-9 leemos: *"¿Robará el hombre a Dios? Pues vosotros me habéis robado. Y dijisteis: ¿En qué te hemos robado? En vuestros diezmos y ofrendas. Malditos sois con maldición, porque vosotros, la nación toda, me habéis robado".*

Diezmar es dar el diez por ciento de nuestras ganancias, como prueba de que entendemos que Él es el Señor de todas las cosas materiales y que Dios supervisa todas nuestras vidas. Es por eso que si nosotros decimos que creemos en Dios y no damos nuestros diezmos, estamos robándole a Dios y entonces una maldición puede llegar a nuestras vidas. Esto no significa que Dios mismo nos maldecirá, sino que significa que cuando Satanás nos acuse de nuestro mal comportamiento, Dios no podrá protegernos debido a que en realidad estamos quebrantando la ley espiritual de Dios. Por consiguiente, puede ser que experimentemos problemas financieros, tentaciones, desastres repentinos o enfermedades.

Pero como dice Malaquías 3:10: *"Traed todos los diezmos*

al alfolí y haya alimento en mi casa; y probadme ahora en esto, dice Jehová de los ejércitos, si no os abriré las ventanas de los cielos, y derramaré sobre vosotros bendición hasta que sobreabunde". Cuando damos los diezmos adecuados, podemos recibir las bendiciones prometidas por Dios y Su protección.

Sin embargo, hay también personas que no recibirán la protección de Dios debido a que no dan todos los diezmos. Sin tener en cuenta otras fuentes de ingresos, las personas calculan sus diezmos de su sueldo neto, en lugar de su salario bruto, y eso es después de restar las deducciones e impuestos.

Pero el diezmo apropiado es darle a Dios la décima parte del total de nuestros ingresos. Ingresos de un negocio secundario, regalos monetarios, invitaciones a cenar o regalos, son todos beneficios personales, por lo que se debe calcular una décima parte del valor de este tipo de ingresos y también separar el diezmo apropiado de ello.

En algunos casos, las personas calculan sus diezmos pero se lo dan a Dios como un tipo diferente de ofrenda, tales como ofrenda misionera o una ofrenda de buena voluntad. No obstante, esto aún es considerado un robo delante de Dios, ya que no es el diezmo apropiado. La manera en la que la iglesia utiliza la ofrenda, es mera responsabilidad del departamento financiero de la misma, pero es nuestra responsabilidad dar nuestros diezmos bajo el título correcto de ofrenda.

También podemos dar otro tipo de ofrendas de gratitud. Los hijos de Dios tienen mucho por lo cual estar agradecidos. Con el don de la salvación podemos ir al Cielo, con las diferentes responsabilidades en la iglesia podemos cosechar recompensas en el Cielo y, mientras vivimos aquí en la Tierra, podemos recibir la protección y las bendiciones de Dios, por consiguiente, debemos estar muy agradecidos.

Es por ello que cada domingo nos acercamos delante de Dios con varias ofrendas de gratitud para con Él; para que nos proteja durante la semana. Y en las festividades bíblicas u ocasiones en las cuales tenemos razones especiales para agradecerle a Dios, separamos una ofrenda especial y se la presentamos a Dios.

En nuestra relación con las demás personas, cuando alguien nos ayuda o nos sirve de una manera especial, no simplemente nos sentimos agradecidos, sino que anhelamos dar algo a cambio. De la misma manera, es algo natural que anhelemos ofrecerle algo a Dios para mostrarle nuestro aprecio por darnos la salvación y preparar el Cielo para nosotros (Mateo 6:21).

Si alguien dice que tiene fe pero es mezquino cuando se trata de darle a Dios, significa que esta persona tiene codicia por las cosas materiales. Esto muestra que el amor por las cosas materiales es más grande que su amor por Dios. Por esta razón, Mateo 6:24 dice: *"Ninguno puede servir a dos señores; porque o aborrecerá al uno y amará al otro, o estimará al uno y menospreciará al otro. No podéis servir a Dios y a las riquezas".*

Si nosotros somos cristianos maduros, y aún amamos las posesiones materiales más que a Dios, entonces es mucho más fácil para nosotros recaer en nuestra fe que seguir avanzando. La gracia que una vez recibimos se convierte en un recuerdo de hace mucho tiempo, las razones por las que debemos ser agradecidos disminuyen, nuestra fe pierde vitalidad al punto en el que nuestra salvación peligra.

Dios se complace con el aroma de una verdadera ofrenda de gratitud y fe. Cada individuo posee una medida de fe diferente, y Dios conoce la situación de cada uno, y además conoce lo más secreto del corazón de las personas. Por lo que, el tamaño o cantidad de la ofrenda no es lo que le importa a Él. Recuerde que Jesús elogió a la viuda que puso dos blancas que eran todo lo que ella tenía (Lucas 21:2-4).

Cuando nosotros agradamos a Dios de esta manera, Él nos da muchas bendiciones y razones para estar agradecidos, ya que las ofrendas que demos son incomparables a las bendiciones que recibimos de Él. Dios se asegura de que nuestras almas prosperen, y nos bendice para que nuestras vidas abunden con más razones para estar agradecidos. Dios nos bendice treinta, sesenta y cien veces más que la ofrenda que le hemos entregado a Él.

Luego de haber aceptado a Cristo, tan pronto como aprendí que debemos dar los diezmos y ofrendas apropiadas a Dios, yo comencé a obedecer inmediatamente. Había acumulado una gran cantidad de deudas durante los siete años que estuve en cama enfermo, pero debido a que estaba tan agradecido de que Dios me sanó de mis debilidades, siempre le ofrecía a Él tanto como podía. Aunque mi esposa y yo trabajábamos, apenas podíamos pagar el interés de nuestras deudas. Sin embargo, nunca fuimos a adorar a Dios con las manos vacías.

Cuando creímos en el Dios Omnipotente y obedecimos Sus palabras, nos ayudó a pagar nuestras deudas abrumadoras en tan solo unos meses. Y con el tiempo, hemos sido capaces de experimentar a Dios derramando bendiciones sin fin sobre nosotros para que pudiéramos vivir en plenitud.

El cuarto caso es hurtar las palabras de Dios

Hurtar las palabras de Dios significa realizar una falsa profecía en el nombre de Dios (Jeremías 23:30-32). Por ejemplo, existen personas que roban Sus palabras al decir que escuchan la voz de Dios y hablan acerca del futuro como lo haría un adivino, o le dicen a una persona que continuamente fracasa en sus negocios que 'Dios permitió que fracasara en sus negocios porque se supone que debe ser un pastor, en vez de manejar algún tipo de negocio'.

También se considera acto de hurtar la palabra de Dios cuando alguien tiene un sueño o una visión que deriva de sus propios pensamientos y dice: "Dios me ha dado este sueño", o

"Dios me ha dado esta visión". Esto también recae en la categoría de utilizar mal el nombre de Dios.

Por supuesto, comprender la voluntad de Dios por medio de la obra del Espíritu Santo y proclamar la voluntad de Dios es bueno, pero para que hagamos esto de manera correcta, tenemos que comprobar si somos aceptables ante Dios. Esta es la razón por la cual Dios no le habla a cualquier persona. Él solo puede hablarle a aquellas personas que no tienen maldad en su corazón; es por ello que debemos asegurarnos de que ni en lo más mínimo estemos hurtando a la Palabra de Dios, mientras estamos inmersos en nuestros propios pensamientos.

Aparte de esto, si alguna vez sentimos remordimiento, vergüenza u ofuscación cuando tomamos algo o hacemos algo, esto es una señal de que debemos volver a evaluarnos a nosotros mismos. La razón por la que sentimos remordimiento de conciencia, se debe a que podemos estar tomando algo que no nos pertenece a nosotros por nuestros propios motivos egoístas, y el Espíritu Santo dentro de nosotros está gimiendo.

Aunque no robemos ningún objeto, por ejemplo, si recibimos nuestra paga después de trabajar con desdeño, o si recibimos una responsabilidad o una tarea en la iglesia pero no cumplimos con nuestras responsabilidades, asumiendo que tenemos un buen corazón, debemos sentir remordimiento de consciencia.

Además, si una persona que está dedicada a Dios pierde su tiempo separado para Él y provoca una pérdida de tiempo al reino de los Cielos, está robando el tiempo. No solo con Dios, sino también en el trabajo o en situaciones informales, debemos asegurarnos de ser puntuales para que no causemos una pérdida para los demás.

Por consiguiente, siempre debemos evaluar nuestras vidas para asegurarnos de no estar cometiendo el pecado de robar en ninguna manera, y despojarnos del egoísmo y la codicia de nuestra mente y corazón. Y con una consciencia limpia, debemos esforzarnos por alcanzar un corazón verdadero y sincero ante Dios.

Capítulo 10
El noveno mandamiento

"No hablarás contra tu prójimo falso testimonio"

Éxodo 20:16

"No hablarás contra tu prójimo falso testimonio".

Era la noche cuando Jesús fue arrestado. Mientras Pedro estaba sentado fuera en el patio, donde Jesús fue interrogado, una criada le dijo: "Tú también estabas con Jesús de Galilea". A esto, Pedro sorprendido respondió: "No sé de qué está hablando" (Mateo 26).

Pedro en realidad no negó a Jesús de lo profundo de su corazón, sino que estaba mintiendo debido a un repentino ataque de temor. Justo después de este incidente, Pedro salió de ese lugar y golpeó su cabeza contra el suelo, llorando amargamente. Luego, cuando Jesús llevó la cruz hasta el Gólgota, Pedro solo podía seguir de lejos; avergonzado e incapaz de siquiera levantar la cabeza.

A pesar de que todo esto sucedió antes de que Pedro recibiera el Espíritu Santo, debido a esta mentira, no pudo soportar ser crucificado como Jesús. Incluso luego de recibir el Espíritu Santo y dedicar toda su vida al ministerio, él estuvo tan avergonzado de la vez que negó a Jesús, que finalmente pidió que lo crucificaran boca abajo.

"No hablarás contra tu prójimo falso testimonio"

De las palabras que las personas hablan a diario, hay algunas que son muy importantes, mientras que hay otras que son insignificantes. Algunas no tienen sentido, y otras son palabras llenas de maldad que hieren y engañan a otras personas.

Las mentiras son palabras malignas que desvían de la verdad. A pesar de que las personas no lo admitan, muchas de ellas dicen una gran cantidad de mentiras cada día, tanto grandes como pequeñas. Algunas personas orgullosamente dicen: "Yo no digo mentiras", pero antes de que ellos se den cuenta, están inconscientemente de pie encima de una montaña de mentiras.

La mugre, suciedad y el desorden pueden mantenerse ocultos en la oscuridad. No obstante, si entra una luz brillante a la habitación, incluso la más pequeña partícula de polvo o mancha saldrá a la luz. De igual manera, Dios, quien es la verdad en sí, es como la luz; viendo a muchas personas decir mentiras constantemente.

Es por ello que en el noveno mandamiento, Dios nos dice que no demos falsos testimonios en contra de nuestro prójimo. En este caso, 'prójimo' significa nuestros padres, hermanos, hijos; cualquier otra persona aparte de nosotros. Examinemos cómo Dios define el 'falso testimonio' en tres partes.

Primero, 'dar un falso testimonio' significa hablar de su prójimo de una manera deshonesta.

Podemos ver cuán terrible puede ser dar un falso testimonio, por ejemplo, cuando vemos los juicios en los tribunales. Debido a que el testimonio de un testigo directamente afecta la sentencia definitiva, el más leve reconocimiento podría causar gran desgracia a una persona inocente, y la situación puede llegar a ser una cuestión de vida o muerte para él. Con el fin de prevenir el abuso del estrado de los testigos o la mala práctica de los falsos testimonios, Dios ordenó que los jueces escucharan a muchos testigos diferentes para comprender correctamente todos los aspectos del caso y que de esta manera pudieran hacer juicios sabios y discretos. Por esta razón, Él ordenó a aquellos que testifican y a aquellos que juzgan a hacerlo con prudencia y mucha cautela.

En Deuteronomio 19:15, Dios dice: *"No se tomará en cuenta a un solo testigo contra ninguno en cualquier delito ni en cualquier pecado, en relación con cualquiera ofensa cometida. Sólo por el testimonio de dos o tres testigos se mantendrá la acusación".* En los versículos 16-20 sigue diciendo que: *"Si se prueba que el testigo es mentiroso y que ha dado un falso testimonio en contra de su hermano",* entonces tendrá que recibir el castigo que intentó poner sobre su prójimo.

Aparte de los casos graves como este donde una persona provoca una gran pérdida para otra persona, hay muchos otros casos en los que las personas dicen mentiras pequeñas sobre su prójimo en el día a día. Aunque alguien no mienta acerca de su prójimo, si esta persona no revela la verdad en una situación en la que debería decir la verdad en defensa de su prójimo, también puede ser considerado como dar un testimonio falso.

Si alguien más recibe la culpa de un error que nosotros hayamos cometido, y por miedo a meternos en problemas no decimos nada, ¿cómo podemos tener una consciencia limpia? No obstante, Dios no solo nos manda a que no mintamos, sino también a tener un corazón honesto para que nuestras palabras y acciones reflejen integridad y verdad.

Entonces, ¿qué es lo que piensa Dios acerca de 'pequeñas mentiras blancas' que decimos para consolar o hacer sentir bien a una persona?

Por ejemplo, puede ser que estemos visitando a un amigo, y él nos pregunta: "¿Comiste algo?" Y aunque no hayamos comido nada, le contestamos: "Sí he comido", para no causarle molestias. No obstante, en este caso, debemos hablar la verdad y decir: "No he comido aún, pero en realidad no quiero comer nada".

Existen incluso ejemplos de "pequeñas mentiras blancas" en la Biblia.

En Éxodo 1, hay una escena donde el rey de Egipto se sentía sumamente nervioso debido a que los israelitas habían crecido grandemente en número, y dio órdenes específicas a las parteras hebreas. Les dijo lo siguiente: *"Cuando asistáis a las hebreas en sus partos, y veáis el sexo, si es hijo, matadlo; y si es hija, entonces viva"* (v. 16).

Pero las parteras hebreas, temerosas de Dios, no escucharon al rey de Egipto, y mantuvieron vivos a los bebés varones.

Cuando el rey llamó a las parteras y les preguntó: "¿Por qué habéis hecho esto, que habéis preservado la vida a los niños?" Ellas respondieron: "Porque las mujeres hebreas no son como las egipcias; pues son robustas, y dan a luz antes que la partera venga a ellas".

Además, cuando el primer rey de Israel, Saúl, se puso celoso de David e intentó matarlo porque era más amado por las personas que él, Jonatán su hijo, le engañó con el fin de salvar la vida de David.

En este caso, donde las personas dicen una mentira sólo para el beneficio de otra persona, solo de buena voluntad, y no por sus propios motivos egoístas, Dios no los castigará de forma automática, ni les dirá: "Tú mentiste". Así como lo hizo con las parteras hebreas, Él mostrará Su gracia para con ellos, porque estaban tratando de salvar vidas con buenas intenciones. No obstante, cuando las personas alcanzan un nivel de completa bondad, podrán tocar el corazón del adversario o de la persona con la cual están tratando, sin necesidad de tener que decir una 'pequeña mentira blanca'.

En segundo lugar, añadir o sustraer palabras cuando comunicamos un mensaje es otra forma de dar falso testimonio.

Este es el caso en el que se transmite un mensaje de alguien de una manera que distorsiona la verdad, tal vez debido a que ha agregado sus propios pensamientos o sentimientos, o se omiten ciertas palabras. Cuando alguien les dice algo, la mayoría de personas escucha de manera subjetiva, por lo tanto, la manera en la que perciban la información dependerá fuertemente de sus propias emociones y experiencias pasadas. Es por ello que cuando se transmite cierta información de una persona a este tipo de personas, el mensaje deseado del interlocutor original, se puede perder fácilmente.

Pero incluso si cada palabra, signo de puntuación y todo se transmite de forma precisa, dependiendo de la entonación o énfasis de los mensajeros sobre ciertas palabras, inevitablemente el significado cambiará. Por ejemplo, existe una gran diferencia entre alguien con amor preguntándole a su amigo "¿Por qué?", y alguien con una expresión cruel en su cara gritando a su enemigo, "¿Por qué?"

Es por ello que cada vez que escuchemos a alguien, debemos intentar entender lo que está diciendo sin tener que añadir ningún sentimiento personal a su mensaje. La misma regla se aplica cuando nosotros hablamos a los demás. Debemos hacer todo lo posible para transmitir con precisión el mensaje original del interlocutor, el significado intencionalmente planteado y todo lo demás.

Además, si es que el contenido del mensaje es falso o no necesariamente de ayuda para el receptor, incluso si podemos transmitir con precisión el mensaje, es mejor si no transmitimos el mensaje en absoluto. Esto es porque, a pesar de que lo comunicamos con buenas intenciones, la parte receptora puede ser herida u ofendida y, si esto sucede, entonces puede llegar a suscitar discordia entre las personas.

En Mateo 12:36-37 leemos: *"Mas yo os digo que de toda palabra ociosa que hablen los hombres, de ella darán cuenta en el día del juicio. Porque por tus palabras serás justificado, y por tus palabras serás condenado"*. Por consiguiente, debemos refrenarnos de decir palabras que no son verdaderas o de amor en el Señor. Esto también se aplica a cómo deberíamos escuchar las palabras.

En tercer lugar, juzgar y criticar a los demás sin realmente entender su corazón, es también una forma de dar falso testimonio en contra de su prójimo.

Con bastante frecuencia la gente forma un juicio sobre el corazón o las intenciones de alguien con sólo mirar sus expresiones o acciones, utilizando sus propios pensamientos y sentimientos como guía. Quizás digan: "Esa persona probablemente dijo eso con esto en mente", o quizás digan: "Definitivamente él tiene estas intenciones por actuar de esa manera".

Supongamos que un trabajador no ha estado actuando con amabilidad con su supervisor debido a que se sentía incómodo con el nuevo medio ambiente que lo rodea. El supervisor puede pensar: "El nuevo trabajador se siente incómodo conmigo. Quizás sea porque el otro día le dije algunas críticas negativas". Este es un error formado por el supervisor en base a sus propias ideas. En otro caso, alguien con problemas de la vista o que se encuentra sumergido en sus propios pensamientos, camina cerca de su amigo sin darse cuenta que él se encuentra en ese lugar. El amigo puede pensar: "¡Actúa como si no me conociera! Me pregunto si está enojado conmigo".

Y si alguien más se encuentra en esta misma situación, puede ser que él le muestre otro tipo de reacción. Cada persona tiene diferentes pensamientos y sentimientos, y por ende cada uno reacciona diferente a ciertas circunstancias. Por consiguiente, aunque a todas las personas se les dé la misma dificultad, cada individuo tendrá un nivel diferente de fortaleza para vencer sobre la misma dificultad. Es por ello que cuando vemos a alguien que sufre dolor, no deberíamos juzgarlo por nuestros propios estándares de tolerancia del dolor y pensar: "¿Por qué está haciendo tanto alboroto de algo tan insignificante?" No es fácil comprender por completo el corazón de una persona, incluso si usted realmente lo ama y posee una relación estrecha con dicha persona.

Además, existen muchas otras maneras en que las personas juzgan e interpretan mal a los demás, se decepcionan de las personas y finalmente las condenan; todo esto porque juzgan a los demás de acuerdo a sus propios estándares. Si en base a nuestros propios estándares juzgamos a otra persona, pensando que tiene una intención específica en su corazón a pesar de que realmente no es así, y luego hablamos mal de ella, estamos dando falso testimonio. Si nosotros participamos en estos tipos de actos al escuchar falsedades y contribuir con el juicio y a condenar a una persona en particular, entonces nuevamente estamos cometiendo el pecado de dar falso testimonio en contra de nuestro prójimo.

La mayoría de personas creen que si reaccionan a algunas situaciones en una mala manera, entonces las demás personas que se encuentren en la misma situación harán lo mismo y, debido a que tienen un corazón engañoso, creen que las demás personas también son así. Si ven alguna situación o escena y tienen malos pensamientos, ellos creen: "Estoy seguro que esa persona también tiene malos pensamientos". Y debido a que ellos mismos miran con despreció a los demás, piensan: "Esa persona me mira con desprecio; es un engreído".

Es por ello que Santiago 4:11 dice: *"Hermanos, no murmuréis los unos de los otros. El que murmura del hermano y juzga a su hermano, murmura de la ley y juzga a la ley; pero si tú juzgas a la ley, no eres hacedor de la ley, sino juez"*. Si alguien juzga o calumnia a un hermano amado, significa que es alguien muy orgulloso, y que en última instancia, quiere ser como Dios el Juez.

Y es importante que sepamos que si hablamos de las

debilidades de los demás y los juzgamos, estamos cometiendo un pecado que es mucho peor. En Mateo 7:1-5 leemos: *"No juzguéis, para que no seáis juzgados. Porque con el juicio con que juzgáis, seréis juzgados, y con la medida con que medís, os será medido. ¿Y por qué miras la paja que está en el ojo de tu hermano, y no echas de ver la viga que está en tu propio ojo? ¿O cómo dirás a tu hermano: Déjame sacar la paja de tu ojo, y he aquí la viga en el ojo tuyo? ¡Hipócrita! saca primero la viga de tu propio ojo, y entonces verás bien para sacar la paja del ojo de tu hermano".*

Una cosa más de la que debemos tener mucho cuidado, es juzgar las palabras de Dios basándonos en nuestros propios pensamientos. Lo que es imposible para el hombre es posible con Dios, por ello cuando se trata de la Palabra de Dios, jamás debemos decir: "Esto está mal".

Mentir al exagerar o subestimar la Verdad

Sin tener ninguna intención maligna, las personas tienden a exagerar la verdad en su vida rutinaria. Por ejemplo, si alguien come mucha comida puede ser que digamos: "Él se comió toda la comida". Y cuando todavía hay un poco de comida, podríamos decir: "¡No quedó ni siquiera un miga de pan!" Existen momentos cuando luego de ver a tres o cuatro personas que se ponen en acuerdo en algo, decimos: "Todos estuvieron de acuerdo".

Como tal, lo que muchas personas no consideran que es una mentira, en realidad sí lo es. Existen casos en los cuales hablamos acerca de una situación en la que desconocemos todos los hechos, y como resultado, decimos una mentira.

Por ejemplo, digamos que alguien nos pregunta cuántas personas trabajan para cierta compañía, y respondemos: "Hay tantas personas", y luego de contar nos damos cuenta que en realidad el número de trabajadores es diferente. Aunque no hayamos mentido de manera intencional, lo que dijimos es una mentira debido a que es diferente a la realidad. Por lo tanto, en este caso, la mejor manera de responder a esta pregunta sería: "No conozco el número exacto, pero creo que hay alrededor de tantas personas".

Por supuesto, en este tipo de casos no estábamos tratando de mentir con malas intenciones, o de juzgar a los demás con un corazón maligno. Sin embargo, si vemos el más mínimo indicio de este tipo de pensamientos y acciones, entonces es una buena idea llegar al fondo del problema. Una persona con el corazón lleno de la verdad no añadirá o quitará la verdad, sin importar cuán insignificante sea el problema.

Una persona veraz y honesta puede recibir la verdad como verdad, y transmitir la verdad como verdad. Así que, incluso si algo es muy pequeño y sin importancia, si nos vemos hablando con el más mínimo indicio de falsedad, entonces debemos saber que esto significa que nuestro corazón no está completamente lleno de la verdad. Y si nuestro corazón aún no está completamente lleno con la verdad, significa que cuando se somete a una situación peligrosa para la vida, es plenamente capaz de hacerle daño a otra persona por mentir acerca de ella.

Como está escrito en 1 Pedro 4:11 que dice: *"Si alguno habla, hable conforme a las palabras de Dios..."*, debemos intentar no mentir o bromear utilizando palabras falsas. No importa qué es lo que digamos, siempre debemos hablar con la verdad, como si estuviéramos hablando la palabra de Dios. Y podemos hacer esto al orar fervientemente y recibir la guía del Espíritu Santo.

Capítulo 11
El décimo mandamiento

"No codiciarás la casa de tu prójimo"

Éxodo 20:17

"No codiciarás la casa de tu prójimo, no codiciarás la mujer de tu prójimo, ni su siervo, ni su criada, ni su buey, ni su asno, ni cosa alguna de tu prójimo".

¿Conoces la historia de la gallina de los huevos de oro, una de las fábulas más famosas de Esopo? Había una vez, en un pequeño pueblo, un granjero que llegó a poseer una gallina muy extraña. Mientras pensaba en qué hacer con la gallina, sucedió algo muy impactante.

Cada mañana esta ponía un huevo de oro. Entonces un día el granjero pensó: "Posiblemente haya una gran cantidad de huevos de oro dentro de la gallina". De repente el granjero se volvió codicioso y quiso tener mucho oro para que pudiera volverse rico de la noche a la mañana, en vez de esperar cada mañana para recibir un huevo de oro.

Y cuando su codicia se hizo demasiado grande, el granjero cortó a la gallina, pero fue sólo para descubrir que no había ni una pizca de oro dentro de ella. En ese momento, el granjero se dio cuenta que había cometido un error y se arrepintió de sus acciones, pero fue demasiado tarde.

De esta manera, nos damos cuenta que la codicia de una persona no tiene límites. No importa cuántos ríos desemboquen en el océano, este jamás puede llenarse. De igual manera es la codicia del hombre. No importa cuánto posea una persona, no existe una completa satisfacción. Lo vemos todos los días. Cuando la codicia de alguien se hace grande, no solo se sentirá insatisfecho con lo que posee, sino que también se convierte en avaro y trata de tener lo que otros tienen, incluso si eso significa usar malos métodos. De esta manera termina cometiendo un pecado grave.

"No codiciarás la casa de tu prójimo"

La palabra 'codicia' significa desear algo que no le pertenece a uno y luego intentar poseer lo que tiene otra persona utilizando maneras inapropiadas, o tener un corazón que desea todas las cosas carnales de este mundo.

La mayoría de los crímenes comienzan con codicia en el corazón. La avaricia puede causar que las personas mientan, roben, hurten, engañen y cometan todo tipo de crímenes. Existen casos en los cuales las personas no solo codician cosas materiales, sino también posiciones y fama.

Debido a este tipo de corazón codicioso, a veces las relaciones entre hermanos, entre padres e hijos, e incluso entre esposos, se vuelven hostiles. Algunas familias se vuelven enemigas, y en vez de vivir vidas felices y en la verdad, las personas se vuelven celosas y envidiosas de aquellos que poseen más que ellas.

Es por ello que, a través de los Diez Mandamientos, Dios nos advierte de la codicia, la cual provoca el pecado. Además, Dios quiere que pongamos nuestras mentes en las cosas de arriba (Colosenses 3:2). Solo cuando vamos en busca de la vida eterna y llenamos nuestros corazones con esperanza, podremos tener verdadera satisfacción y gozo y, de esta manera, desechar la codicia. En Lucas 12:15, Jesús dijo lo siguiente: *"Y les dijo: Mirad, y guardaos de toda avaricia; porque la vida del hombre no consiste en la abundancia de los bienes que posee".* Tal como dijo Jesús, solo cuando nos despojemos de toda avaricia podremos mantenernos alejados del pecado y por consiguiente tener vida eterna.

El proceso por el cual la codicia se convierte en pecado

Entonces, ¿cómo la codicia se vuelve una acción pecaminosa? Digamos que usted visita un hogar extremadamente rico. La casa está hecha de mármol y es muy grande. Esta además está llena de todo tipo de lujos; lo suficiente como para hacer que alguien diga: "¡Esta casa es maravillosa, es absolutamente hermosa!"

Sin embargo, muchas personas no simplemente se detienen luego de hacer este tipo de comentarios. Ellas piensan: "Me encantaría tener una casa así. Desearía ser tan rico como lo es esa persona...". Por supuesto, los verdaderos creyentes no permitirían que esta idea se convierta en un pensamiento de robo. No obstante, por medio de este tipo de pensamiento: "Me gustaría poder tener algo así", la avaricia puede entrar en nuestro corazón.

Y si la avaricia entra en el corazón, es solo cuestión de tiempo para que alguien cometa un pecado. En Santiago 1:15 dice: *"Entonces la concupiscencia, después que ha concebido, da a luz el pecado; y el pecado, siendo consumado, da a luz la muerte".* Existen algunos creyentes que, vencidos por este deseo de avaricia, terminan cometiendo un crimen.

En Josué 7 leemos acerca de Acán, que es vencido por este tipo de avaricia y termina muriendo como castigo por su pecado. Josué, como el líder en lugar de Moisés, se encontraba en el proceso de conquistar la tierra de Canaán. Los israelitas sitiaron la ciudad de Jericó. Josué advirtió al pueblo que todo lo que saliera de Jericó sería dedicado a Dios, por lo tanto nadie podía poner sus manos sobre estas cosas.

No obstante, luego de ver un manto muy costoso y algo de plata y oro, Acán, codiciándolo, rápidamente lo escondió para sí mismo. Debido a que Josué desconocía de esto, se dirigió a la siguiente ciudad para conquistarla; la ciudad de Hai. Ya que Hai era una ciudad pequeña, los israelitas vieron que sería una batalla fácil. Pero para su desconcierto, perdieron la batalla. Entonces Dios le dijo a Josué que habían perdido la batalla por el pecado de Acán. Como resultado, no solo Acán, sino también toda su familia, incluso su ganado, tuvo que morir.

En 2 Reyes 5, podemos leer acerca de Giezi, el siervo de Eliseo, quien también tuvo lepra debido a que codiciaba cosas que no debía tener. Así como Eliseo le dijo al general Naamán que se lavara siete veces en el río Jordán para que sea limpio de su lepra, luego de ser sanado, él quiso darle algunos presentes a Eliseo en forma de agradecimiento. Sin embargo, Eliseo se rehusó a recibirlos.

Entonces el general Naamán se dirigió nuevamente a su

tierra natal; Giezi corrió tras él, actuando como si Eliseo lo hubiera enviado y le pidió algunos bienes. Luego de tomarlos, los escondió. Además de eso, regresó donde Eliseo y trató de engañarlo a pesar de que Eliseo sabía lo que estaba haciendo desde el principio. Por lo tanto, Giezi se enfermó de la lepra que había tenido Naamán.

Lo mismo sucedió con Ananías y su esposa Safira en el libro de Hechos 5. Ellos vendieron parte de su propiedad y le prometieron a Dios que ofrecerían el dinero que obtuvieran de dicha venta. Pero una vez que tuvieron el dinero en sus manos, sus corazones cambiaron, y escondieron una porción del dinero para ellos mismos y trajeron el resto a los apóstoles. Por la codicia del dinero, intentaron engañar a los apóstoles. Sin embargo, engañar a los apóstoles es igual a querer engañar al Espíritu Santo, por lo tanto, de manera inmediata, sus almas salieron de su cuerpo y ambos murieron en el mismo lugar.

Los corazones codiciosos llevan a la muerte

La codicia es un gran pecado que al final conduce a la muerte. Por consiguiente, es vital para nosotros abstenernos de la codicia de nuestros corazones, al igual que las tentaciones y la avaricia que nos hace anhelar las cosas materiales de este mundo. ¿Qué de bueno tiene que usted gane todas las cosas que quiere en el mundo, pero pierda su vida?

Por otra parte, aunque no tenga todas las riquezas de este mundo, si cree en el Señor y tiene vida verdadera, es realmente una persona rica. A medida que aprendemos de la parábola del hombre rico y Lázaro el mendigo en Lucas 16, una verdadera bendición es recibir la salvación después de despojarnos de un corazón codicioso.

El hombre rico que no tenía fe en Dios ni esperanza por el Cielo, vivió una vida espléndida, vistiendo ropa fina, satisfaciendo su avaricia carnal y disfrutando de banquetes. Por otra parte, el mendigo Lázaro pedía caridad en la puerta de este hombre rico. Su vida era despreciable; incluso los perros venían y le lamían las llagas de su cuerpo. No obstante, en el centro de su corazón, alabó a Dios y siempre tuvo esperanza por el Cielo.

Finalmente, Lázaro y el hombre rico murieron. El mendigo Lázaro fue llevado por los ángeles al seno de Abraham, pero el hombre rico fue al Sepulcro, donde se encontraba en tormento. Debido a que estaba tan sediento por las llamas y en agonía, el hombre rico deseaba tan solo una gota de agua, sin embargo, incluso ese deseo no se podía conceder.

Supongamos que el hombre rico tuvo otra oportunidad para vivir en este mundo. Probablemente él habría deseado recibir vida eterna en el Cielo, incluso si eso significaba llevar una vida pobre en este mundo. Y para alguien que vive una vida de necesidad en este mundo, como Lázaro, si simplemente aprende cómo tener temor de Dios y vivir en Su luz, puede también recibir las bendiciones de riquezas materiales mientras vive sobre la Tierra.

Luego de que su mujer Sara murió, Abraham, el padre de la fe, quiso comprar la cueva de Macpela para enterrar a su esposa en ese lugar. El dueño de la cueva le dijo que la tomara de manera gratuita, pero Abraham rehusó aceptarla de esa manera, y pagó el precio completo por la cueva. Lo hizo porque no tenía ni una pizca de codicia en su corazón. Si no le pertenecía, no hubiera pensado en poseerla (Génesis 23:9-19).

Además, Abraham amaba a Dios y obedecía Su Palabra, llevando una vida de honestidad e integridad. Es por ello que durante su vida en la Tierra, Abraham no solo recibió bendiciones de riquezas materiales, sino también la bendición de muchos años de vida, fama, poder, descendientes y mucho más. Incluso recibió la bendición de ser llamado 'amigo de Dios'.

Bendiciones espirituales que superan todas las bendiciones materiales

En ciertas ocasiones las personas preguntan con curiosidad: "Esta persona aparenta ser un buen creyente. ¿Cómo puede ser que parezca que no está recibiendo muchas bendiciones?" Si esa persona fuera un verdadero seguidor de Cristo, viviendo día a día con fe verdadera, deberíamos ver las mejores bendiciones de Dios sobre su vida.

Tal como está escrito en 3 Juan 1:2: *"Amado, yo deseo que tú seas prosperado en todas las cosas, y que tengas salud, así como prospera tu alma"*, Dios nos bendice para que nuestra alma esté bien antes que cualquier otra cosa. Si nosotros vivimos como hijos santos de Dios, despojándonos de toda forma de maldad de nuestros corazones, y obedecemos sus mandamientos, Él seguramente nos bendecirá para que todas las cosas nos vayan bien, incluso nuestra salud.

Pero si alguien, cuya alma no es próspera, parece que está recibiendo una gran cantidad de bienes materiales, no podemos decir que es una bendición de parte de Dios. En este caso, sus riquezas pueden causarle que se vuelva una persona avara, y quizás su avaricia dé a luz al pecado y, como consecuencia, eventualmente se apartará de Dios.

Cuando las situaciones son difíciles, las personas pueden depender de Dios con un corazón limpio y lo sirven diligentemente con amor. Sin embargo, muy a menudo, una vez que las personas han recibido su bendición material en sus negocios o trabajos, sus corazones comienzan a desear más cosas del mundo y empiezan a poner excusas acerca de estar demasiado ocupados, y terminan apartándose de Dios. Cuando sus ganancias o ingresos son bajos, tienden a dar sus diezmos de todo corazón con gratitud, pero cuando sus ingresos aumentan, y sus diezmos también tienen que aumentar, es fácil que sus corazones sean estremecidos. Si nuestro corazón llega a cambiar de esta manera, y nos alejamos cada vez más de la Palabra de Dios, y por último llegamos a ser como las personas del mundo, entonces las bendiciones que hemos recibido pueden en realidad convertirse en nuestra desgracia.

No obstante, aquellos que sus almas prosperan, no codiciarán las cosas de este mundo y, aunque reciban las bendiciones de honor y fortuna de parte de Dios, no tendrán avaricia por más. Además no se quejan ni reniegan solo por no tener las cosas buenas de este mundo, ya que ellos estarían dispuestos a ofrecer todo lo que tienen, incluso sus vidas, por Dios.

Las personas cuyas almas se encuentran bien, cuidarán de su fe y servirán a Dios sin importar qué tipo de circunstancias estén enfrentando, utilizando las bendiciones que reciben de Dios solo para Su reino y gloria. Y debido a que las personas con un alma próspera no tienen la más mínima tendencia a ir tras los placeres mundanos, o deambular en busca de alegría, o ir hacia el camino de la muerte, Dios los bendice abundantemente, y aún más.

Es por ello que las bendiciones espirituales son mucho más importantes que las bendiciones físicas de este mundo, las cuales se desvanecen como la neblina. Por lo tanto, por sobre todas las cosas, debemos recibir primeramente las bendiciones espirituales.

Jamás deberíamos ir en busca de las bendiciones de Dios para satisfacer nuestros deseos carnales

Aunque aún no hayamos recibido la bendición espiritual de

que nuestra alma sea prosperada, si nos mantenemos firmes en el camino de la justicia y buscamos a Dios con fe, Él nos llenará cuando llegue el momento adecuado. Las personas oran para que algo suceda de repente, sin embargo, hay un tiempo y una duración para todas las cosas bajo el Cielo, y Dios es quien conoce el mejor tiempo. Hay momentos en los cuales Dios nos hace esperar para poder darnos bendiciones aún más grandes.

Si le pedimos a Dios algo que surge de una fe verdadera, entonces recibiremos el poder para orar continuamente hasta que recibamos la respuesta. Pero si le pedimos algo a Dios que proviene solo de nuestros deseos carnales, entonces no importa cuánto oremos, no recibiremos la fe para creer verdaderamente y tampoco recibiremos una respuesta de parte de Dios.

Santiago 4:2-3 dice: *"Codiciáis, y no tenéis; matáis y ardéis de envidia, y no podéis alcanzar; combatís y lucháis, pero no tenéis lo que deseáis, porque no pedís. Pedís, y no recibís, porque pedís mal, para gastar en vuestros deleites"*. Dios no nos puede responder cuando pedimos por algo que solo satisface nuestros deseos mundanos. Si un estudiante joven pide a sus padres que le den dinero para comprar algo que en realidad no necesita, entonces los padres no deberían darle ese dinero.

Es por ello que no debemos orar y buscar con nuestros propios deseos, sino al contrario, con el poder del Espíritu Santo, debemos buscar las cosas que están de acuerdo con la voluntad de Dios (Judas 1:20). El Espíritu Santo conoce el corazón de Dios, y puede entender los asuntos profundos de Dios, por consiguiente, si usted depende de la guía del Espíritu Santo durante la oración, puede rápidamente recibir la respuesta de Dios a sus oraciones.

Entonces, ¿cómo dependemos de la guía del Espíritu Santo y oramos de acuerdo a la voluntad de Dios?

En primer lugar, tenemos que armarnos con la Palabra de Dios, y aplicar su Palabra a nuestras vidas, para que nuestros corazones puedan ser como el de Cristo Jesús. Si tenemos un corazón como el de Cristo, entonces de manera natural oraremos de acuerdo a la voluntad de Dios, y así, podremos rápidamente recibir una respuesta a todas nuestras oraciones. Esto es porque el Espíritu Santo, que conoce el corazón de Dios, velará por nuestros corazones para que podamos pedir las cosas que realmente necesitamos.

Así como se menciona en Mateo 6:33, que dice: *"Mas buscad primeramente el reino de Dios y su justicia, y todas estas cosas os serán añadidas";* debemos buscar a Dios y Su reino en primer lugar y luego pedir lo que necesitamos. Si se ora buscando en primer lugar la voluntad de Dios, se experimentará cómo Él derrama bendiciones sobre nuestra vida y, de esta manera, nuestra copa estará rebosando con todo lo que necesitamos en este mundo, y aún más.

Es por esto que debemos continuamente levantar oraciones verdaderas y sinceras a Dios. Cuando acumulamos oraciones poderosas con la guía del Espíritu Santo en nuestro diario vivir, toda codicia o naturaleza pecaminosa será desechada de su corazón para su bien, y recibirá lo que pida en oración.

El apóstol Pablo era un ciudadano del imperio romano y había estudiado con Gamaliel, el mejor y más conocido erudito de su tiempo. No obstante, Pablo no estaba interesado en las cosas de este mundo. Por amor a Cristo, él consideró todas las cosas que tenía como basura. Al igual que Pablo, las cosas que más necesitamos amar y desear son las enseñanzas de Jesucristo y las palabras de la verdad.

¿Qué de bueno tienen todas estas cosas, si nosotros obtuviéramos toda la riqueza, honor, poder, etc. de este mundo, y no tenemos vida eterna? Sin embargo, si hacemos como el apóstol Pablo que dejó a un lado todas las riquezas de este mundo y llevó una vida de acuerdo a la voluntad de Dios, entonces Él seguramente nos bendecirá para que de esta manera nuestra alma prospere. Y así seremos llamados 'grandes' en el Cielo y también seremos exitosos en todas las áreas de nuestra vida sobre la Tierra.

Por lo tanto, ruego que usted pueda desechar toda avaricia y codicia de su corazón y de su vida, mientras que de manera diligente busca contentarse con lo que ya posee, mientras mantiene su esperanza por el Cielo. Entonces sé que siempre llevará una vida rebosante de gratitud y gozo.

Capítulo 12

La ley de habitar con Dios

Proverbios 8:17

"Yo amo a los que me aman, y me hallan los que temprano me buscan".

En Mateo 22, vemos una escena donde uno de los fariseos le pregunta a Jesús cuál es el gran mandamiento en la ley. Jesús le respondió: *"Amarás al Señor tu Dios con todo tu corazón, y con toda tu alma, y con toda tu mente. Este es el primero y grande mandamiento. Y el segundo es semejante: Amarás a tu prójimo como a ti mismo. De estos dos mandamientos depende toda la ley y los profetas"* (Mateo 22:37-40).

Esto significa que si amamos a Dios con todo nuestro corazón y con toda nuestra alma y con toda nuestra mente, y si amamos a nuestro prójimo como a nosotros mismos, entonces podremos fácilmente obedecer los demás mandamientos también.

Si realmente amamos a Dios, ¿cómo podemos cometer pecados que Él detesta? Y si amamos a nuestro prójimo como a nosotros mismos, ¿cómo podemos actuar con maldad contra él?

Por qué Dios nos ha dado Sus mandamientos

Entonces, ¿por qué Dios tuvo que pasar por las molestias de darnos todos y cada uno de los Diez Mandamientos, en vez de decirnos: "Ama a tu Dios, y a tu prójimo como a ti mismo"?

Esto se debe a que en el tiempo del Antiguo Testamento, antes de la era del Espíritu Santo, era muy difícil para las personas amar verdaderamente de sus corazones por su propia voluntad. Así que, por medio de los Diez Mandamientos, los mismos que dieron a los israelitas suficiente fortaleza para obedecer a Dios, Él los guió a amar a su prójimo por medio de sus acciones.

Hasta el momento, hemos examinado de cerca cada uno de los mandamientos, pero ahora veamos los mandamientos en dos grandes grupos: el amor a Dios y el amor al prójimo.

Los mandamientos, del primero al cuarto, pueden ser resumidos como: "Ama al Señor tu Dios con todo tu corazón y con toda tu alma y con toda tu mente". Servir solo a Dios el Creador, no hacerse falsos ídolos ni adorarlos, tener cuidado de no utilizar el nombre de Dios en vano y guardar el día de reposo como un día santo, son todas maneras de amar a Dios.

Los mandamientos, del quinto al décimo, pueden ser resumidos como: "Ama a tu prójimo como a ti mismo". Honrar a nuestros padres, estar alertas contra el homicidio, el robo, realizar falsos testimonios, la codicia, etc., son todas maneras de prevenir acciones malignas en contra de las demás personas, y nuestro prójimo. Si nosotros amamos a nuestro prójimo como a nosotros mismos, no vamos a querer que atraviesen dolor, por lo que debemos obedecer estos mandamientos.

Debemos amar a Dios desde el centro de nuestro corazón

Dios no nos obliga a obedecer Sus mandamientos, simplemente nos dirige a que obedezcamos por amor a Él. Es tal como Romanos 5:8 declara: *"Mas Dios muestra su amor para con nosotros, en que siendo aún pecadores, Cristo murió por nosotros"*. Dios, primeramente nos muestra Su gran amor por nosotros.

Es difícil encontrar a alguien quien esté dispuesto a morir en lugar de una persona buena o justa, o incluso un amigo cercano, sin embargo, Dios envió a Su Hijo Unigénito a morir en lugar de los pecadores para liberarlos de la maldición en la que se encontraban de acuerdo a la ley. Por lo tanto, Dios demostró un amor que sobrepasó a la justicia.

Tal como está escrito en Romanos 5:5 que dice: *"y la esperanza no avergüenza; porque el amor de Dios ha sido derramado en nuestros corazones por el Espíritu Santo que nos fue dado"*, Dios da el Espíritu Santo como un don a todos Sus hijos que aceptan a Jesucristo, para que así puedan completamente entender el amor de Dios.

Es por ello que aquellas personas que son salvas por la fe y bautizadas en agua y en el Espíritu Santo, pueden amar a Dios no solo con sus mentes, sino también verdaderamente desde el fondo de su corazón, permitiéndoles cumplir con Sus mandamientos por el simple hecho de su verdadero amor por Dios.

La voluntad original de Dios

Originalmente, Dios creó a las personas porque Él deseaba hijos verdaderos a quienes amar, y recibir amor de ellos de su propia y libre voluntad. No obstante, si alguien obedece todos los mandamientos de Dios pero no lo ama a Él, ¿cómo podemos decir que esta persona es un verdadero hijo de Dios?

Un jornalero que trabaja por un salario no puede heredar el negocio de su empleador, pero el hijo del empresario, que es totalmente diferente del jornalero, puede heredar el negocio. De igual manera, aquellos que obedecen todos los mandamientos pueden recibir todas las bendiciones prometidas por Él, pero si no comprenden el amor de Dios, no pueden ser Sus hijos verdaderos.

Por consiguiente, aquel que comprende el amor de Dios y habita en Sus mandamientos, hereda los Cielos y puede vivir en la parte más hermosa de ellos como un verdadero hijo de Dios. Ya que vivirá junto al Padre, podrá vivir en gloria tan radiante como el sol, por la eternidad.

Dios desea que todas las personas que reciben salvación por medio de la sangre de Jesucristo y quienes lo aman desde el fondo del corazón, vivan con Él en la Nueva Jerusalén donde está Su trono, y que compartan Su amor por la eternidad. Acerca de esto, Mateo 5:17 dice: *"No penséis que he venido para abrogar la ley o los profetas; no he venido para abrogar, sino para cumplir"*.

Evidencia de cuánto amamos a Dios

Únicamente después de entender la verdadera razón por la que Dios nos dio Sus mandamientos, podemos cumplir la Ley, por el amor que tenemos por Dios. Debido a que tenemos los mandamientos, o las leyes, podemos mostrar 'amor' físicamente, lo cual es un concepto abstracto, difícil de ver con los ojos físicos.

Si algunos dicen: "Dios, te amo con todo mi corazón, por eso, por favor bendíceme", ¿cómo puede el Dios de justicia validar esta afirmación si no hay ningún estándar sobre el cual examinarlo antes de bendecirlo? Ya que tenemos un estándar, los mandamientos o la Ley, podemos examinar si en verdad amamos a Dios con todo el corazón. Si dicen con sus labios que aman a Dios, pero no guardan el día del Señor como un día santo tal como Dios nos lo pidió, entonces podemos ver que no aman a Dios en realidad.

Por tanto, los mandamientos de Dios son un estándar con el cual examinamos o vemos como evidencia cuánto amamos a Dios.

Es por esto que en 1 Juan 5:3 leemos: *"Pues este es el amor a Dios, que guardemos sus mandamientos; y sus mandamientos no son gravosos".*

Amo a los que me aman

Las bendiciones que recibimos de parte de Dios como resultado de nuestra obediencia a Sus mandamientos son bendiciones que no desaparecen ni se desvanecen.

Por ejemplo, ¿qué ocurrió con Daniel, el que agradó a Dios por su fe verdadera y que jamás se comprometió con el mundo?

Daniel era originalmente de la tribu de Judá, y un descendiente de la familia de reyes. Pero cuando Judá del sur pecó contra Dios, Nabucodonosor, el rey de Babilonia, hizo su primera invasión a la nación en el año 605 a. C. En ese tiempo, Daniel, quien era muy joven, fue llevado cautivo a Babilonia.

De acuerdo a la política de aculturación del rey, Daniel y varios otros hombres jóvenes que también eran cautivos, fueron escogidos por Nabucodonosor para vivir en su palacio y recibir la escolarización de los caldeos por tres años.

Durante este tiempo, Daniel pidió que no se le diera la porción diaria de alimentos y vino del rey por temor a contaminarse con alimentos que Dios le había prohibido que comiera. En calidad de cautivo, no tenía derecho a rechazar la comida que el rey designaba, pero Daniel deseaba hacer todo lo que le era posible para guardar su fe pura ante Dios.

Al ver el corazón sincero de Daniel, Dios conmovió el corazón del oficial de custodia para que Daniel no tuviera que comer o beber la comida ni el vino del rey.

Con el tiempo, Daniel, quien se apegó por completo a los mandamientos de Dios, fue ascendido a la posición de primer ministro de la nación gentil, Babilonia. Debido a que Daniel tenía una fe inquebrantable que lo guardó de comprometerse con el mundo, Dios se sintió complacido de él. Así que, aunque las naciones cambiaron, y los reinos cambiaron, Daniel se mantuvo excelente en todos sus caminos y continuó recibiendo el amor de Dios.

Los que me buscan, me encuentran

En la actualidad todavía podemos ver este tipo de bendición. Podemos ver que, a cualquiera que tenga fe al igual que Daniel, que no se compromete con el mundo y se apega con gozo a los mandamientos, Dios los bendice con bendiciones sobreabundantes.

Hace aproximadamente diez años atrás, uno de nuestros ancianos trabajaba para una de las empresas financieras líderes en el país. Para atraer a su clientela, la empresa mantenía reuniones regulares para beber con sus clientes, y los juegos de golf durante los fines de semana no podían faltar. En ese entonces, nuestro anciano era un diácono en la iglesia. Tras recibir su posición y al llegar a entender verdaderamente el amor de Dios, a pesar de las prácticas mundanas de la empresa, él jamás bebió con sus clientes ni dejó de adorar a Dios los domingos.

Cierto día, el gerente de su empresa le dijo: "Escoge entre esta empresa y la iglesia". Ya que él era una persona firme por naturaleza, ni siquiera pensó dos veces antes de responder: "Esta empresa es importante para mí, pero si me pides que escoja entre ella y mi iglesia, yo escojo mi iglesia".

De manera milagrosa, Dios conmovió el corazón del gerente de la empresa, quien terminó confiando más en el anciano, y este, a la vez, terminó siendo promovido. ¡Y esto no fue todo! Poco tiempo después, tras una serie de ascensos, el anciano llegó a la posición de gerente de la empresa.

Por tanto, cuando amamos a Dios y tratamos de apegarnos a Sus mandamientos, Él nos levanta para exaltarnos en todo lo que hagamos, y nos bendice en todas las áreas de nuestra vida.

A diferencia de las leyes hechas por la sociedad, las palabras y promesas de Dios no cambian con el curso del tiempo. No importa en qué período de tiempo vivamos, o quiénes seamos, si simplemente obedecemos y vivimos de acuerdo a la Palabra de

Dios, podemos recibir Sus bendiciones prometidas.

La ley de habitar con Dios

Por consiguiente, los Diez Mandamientos, o la Ley que Dios le dio a Moisés, nos enseña el estándar con el que recibimos el amor y las bendiciones de Dios.

Tal como está escrito en Proverbios 8:17, que dice: *"Yo amo a los que me aman, y me hallan los que temprano me buscan"*, de acuerdo a cuánto permanecemos en Su ley, podemos recibir Su amor y bendiciones.

En Juan 14:21, Jesús nos dice: *"El que tiene mis mandamientos, y los guarda, ése es el que me ama; y el que me ama, será amado por mi Padre, y yo le amaré, y me manifestaré a él"*.

¿Acaso las leyes de Dios parecen pesadas u obligatorias? Aun así, si en verdad amamos a Dios desde el fondo del corazón, podremos obedecerlas. Si nos llamamos hijos de Dios, naturalmente debemos permanecer en ellas.

Esta es la manera de recibir el amor de Dios, de estar con Él, de conocerlo y de recibir Sus respuestas a nuestras oraciones. Lo más importante es que Su Ley nos mantiene alejados del pecado y caminando hacia el camino de salvación, por lo que Su Ley es una gran bendición.

Los antepasados de la fe, tales como Abraham, Daniel y José, recibieron la bendición de ser exaltados sobre las naciones debido a que habitaron de manera cercana en Su Ley. Ellos recibieron bendiciones a la entrada, y también a la salida. No solo disfrutaron bendiciones como estas en todas las áreas de sus vidas, sino también en el Cielo; recibieron la bendición de entrar a la gloria tan resplandeciente como el sol.

Ruego en el nombre del Señor que ustedes continuamente den sus oídos a la Palabra de Dios y que se deleiten en la Ley del Señor y que mediten en ella de día y de noche, y que así cumplan con ella por completo.

> *"Mira, oh Jehová, que amo tus mandamientos;*
> *vivifícame conforme a tu misericordia.*
> *Mucha paz tienen los que aman tu ley,*
> *y no hay para ellos tropiezo.*
> *Tu salvación he esperado, oh Jehová,*
> *y tus mandamientos he puesto por obra.*
> *Hablará mi lengua tus dichos,*
> *porque todos tus mandamientos son justicia."*
> (Salmos 119:159, 165, 166, 172)

El autor:
Dr. Jaerock Lee

El Rev. Dr. Jaerock Lee nació en 1943 en Muan, Provincia de Jeonnam, República de Corea. A sus veinte años, él padeció de una serie de enfermedades incurables durante siete años, y al no tener ninguna esperanza de recuperación, él esperaba únicamente la muerte. Cierto día, durante la primavera de 1974, fue invitado por su hermana a una iglesia, y cuando se inclinó para orar, el Dios vivo inmediatamente lo sanó de todas sus enfermedades.

Desde el momento en que el Rev. Dr. Lee conoció a Dios a través de aquella experiencia maravillosa, él ha amado a Dios con todo su corazón y sinceridad. En 1978 él recibió el llamado a ser un siervo de Dios. Clamó fervientemente a fin de entender con claridad la voluntad de Dios y llevarla a cabo por completo, y obedeció a cabalidad la Palabra de Dios. En 1982 fundó la Iglesia Central Manmin en Seúl (Corea del Sur), e innumerables obras de Dios, incluyendo sanidades o prodigios milagrosos, han tomado lugar en la iglesia.

En 1986 el Rev. Dr. Lee fue ordenado como pastor en la Asamblea Anual de la Iglesia de Jesús de Sungkyul de Corea, y cuatro años más tarde sus sermones empezaron a ser transmitidos en Australia, Rusia, las Filipinas, y otros lugares a través de la Compañía de Radiodifusión del Lejano Oriente, la Estación de Radiodifusión de Asia, y el Sistema Radial Cristiano de Washington.

Luego de transcurridos tres años, en 1993, la Iglesia Central Manmin fue denominada por la Revista *Christian World* de EE. UU. como una de las '50 Iglesias Principales del Mundo'. El mismo año el Dr. Lee obtuvo un Doctorado Honorario en Teología en Christian Faith College, Florida, EE. UU., y en 1996 obtuvo un Ph.D. en Ministerio en el Seminario Teológico de Kingsway en Iowa, EE. UU.

Desde 1993, el Rev. Dr. Lee ha tomado la batuta en el área de las misiones mundiales a través de cruzadas evangelísticas internacionales en Tanzania, Argentina, Los Ángeles, Baltimore, Hawái, y la ciudad de Nueva York en los Estados Unidos, Uganda, Japón, Pakistán, Kenia, las Filipinas, Honduras, India, Rusia, Alemania, Perú, República Democrática de Congo, Israel y Estonia.

En el año 2002, los principales diarios cristianos de Corea lo nombraron 'el evangelista mundial' por su labor poderosa en varias Grandes Cruzadas Unidas internacionales. Su Cruzada Nueva York 2006 realizada en el Madison Square Garden, el coliseo más famoso del mundo, se transmitió a 220 naciones, y durante su Cruzada Unida Israel 2009 realizada en el Centro Internacional de Convenciones de Jerusalén, él proclamó con valentía que Jesucristo es el Mesías y Salvador. Sus sermones se transmiten a 176 naciones vía satélite, incluyendo GCN TV. Fue nombrado como uno de 'Los diez líderes cristianos con mayor influencia' en el año 2009, y en el 2010 se destacó en *In Victory*, la popular revista cristiana de habla rusa y la agencia *Christian Telegraph* por su poderoso ministerio de televisión y pastorado a nivel mundial.

Hasta febrero de 2016, la Iglesia Central Manmin cuenta con una congregación de más de 120 000 miembros; tiene 10 000 iglesias filiales locales e internacionales en el mundo entero, incluyendo 56 iglesias filiales locales y más de 102 misioneros que han sido comisionados a 23 países, entre ellos los Estados Unidos, Rusia, Alemania, Canadá, Japón, China, Francia, India, Kenia, y muchos más.

Hasta la fecha de esta publicación, el Dr. Lee ha escrito 100 libros, incluyendo algunos en lista de superventas de librería tales como *Gozando de la Vida Frente a la Muerte, Mi Vida, Mi Fe I y II, El Mensaje de la Cruz, La Medida de Fe, Cielo I Y II, Infierno,* y *El Poder de Dios*. Sus obras han sido traducidas a más de 76 idiomas.

Sus editoriales cristianos se publican en los diarios *The Hankook Ilbo, The Chosun Ilbo, The JoongAng Daily, The Dong-A Ilbo, The Seoul Shinmun, The Kyunghyang Shinmun, The Hankyoreh Shinmun, The Korea Economic Daily, The Korea Herald, The Shisa News,* y *The Christian Press*.

El Dr. Lee es actualmente el líder de muchas organizaciones y asociaciones misioneras, entre ellas: Presidente de la Iglesia de la Santidad Unida de Jesucristo, Presidente vitalicio de la Asociación de Avivamiento y Misiones Cristianas Mundiales, Fundador y Presidente de la Junta de la Red Cristiana Mundial (GCN por sus siglas en inglés), Fundador y Presidente de la Junta de la Red Mundial de Médicos Cristianos (WCDN por sus siglas en inglés), y Fundador y Presidente de la Junta del Seminario Internacional Manmin (MIS por sus siglas in inglés).

Otros libros poderosos del mismo autor:

Cielo I & II

Una descripción detallada del maravilloso y vívido ambiente que los ciudadanos del Cielo disfrutarán en los cinco niveles del Reino de los Cielos, además de una hermosa descripción de cada uno de ellos.

El Mensaje de la Cruz

Un poderoso mensaje de avivamiento para todos aquellos que están espiritualmente adormecidos. En este libro encontrará la razón por la que Jesús es el único Salvador y es el verdadero amor de Dios.

Infierno

Un sincero y ferviente mensaje de Dios para toda la humanidad. ¡Dios desea que ningún alma caiga en las profundidades del infierno! Usted descubrirá una descripción nunca antes revelada de la cruel realidad del Hades y del Infierno.

Espíritu, Alma y Cuerpo I & II

Una guía que otorga comprensión espiritual del espíritu, el alma y el cuerpo y ayuda a descubrir el tipo de 'persona' que hemos llegado a ser, para que podamos obtener el poder para derrotar a las tinieblas y convertirnos en personas del espíritu.

La Medida de Fe

¿Qué tipo de lugar celestial y qué tipo de corona y recompensas están preparadas para usted en el Cielo? Este libro proporciona la sabiduría y guía para que usted mida su fe y cultive una fe mejor y más madura.

¡Despierta Israel!

¿Por qué ha mantenido Dios sus ojos sobre el pueblo de Israel desde el principio del mundo hasta hoy? ¿Qué tipo de providencia ha preparado Dios para Israel en los últimos días mientras esperan al Mesías?

Mi Vida, Mi Fe I & II

La autobiografía del Dr. Jaerock Lee proporciona un fragante aroma espiritual a los lectores a través de su vida extraída del amor de Dios que brotó en medio de olas oscuras, un yugo frío y la mayor desesperación.

El Poder de Dios

Un libro que toda persona debe leer, ya que sirve como una guía esencial por medio de la cual podemos llegar a poseer fe verdadera, además de experimentar el maravilloso poder de Dios.

www.urimbooks.com

www.ingramcontent.com/pod-product-compliance
Lightning Source LLC
LaVergne TN
LVHW041806060526
838201LV00046B/1144